Dieses Buch ist Lennie Kleintjies (1944 – 2008) gewidmet,

einem bekannten Fußballjournalisten

(„wandelndes Lexikon“) aus Südafrika,

sowie den vier Millionen funktionalen Analphabeten,

die in Deutschland leben. Tim-Thilo Fellmer zählte,

bis er Mitte 30 war, auch zu ihnen.

TIM-THILO FELLMER / MATTHIAS EILES

FELIX AUF BALLHÖHE IN SÜDAFRIKA

ILLUSTRATIONEN
VON
USCHI HEUSEL

Auf Ballhöhe
Interkulturelle Bildung für Jugendliche

VERLAG DIE WERKSTATT

Mit freundlicher Unterstützung
der DFB-Kulturstiftung

Bibliografische Information der Deutschen Nationalbibliothek:
Die Deutsche Nationalbibliothek verzeichnet diese Publikation in der
Deutschen Nationalbibliografie; detaillierte bibliografische
Daten sind im Internet über http://dnb.d-nb.de abrufbar.

Lotzestraße 22a, D-37083 Göttingen
www.werkstatt-verlag.de

Satz und Gestaltung: Verlag Die Werkstatt
Druck und Bindung: Westermann-Druck Zwickau

ISBN 978-3-89533-731-4

FSC
Mix
Produktgruppe aus vorbildlich bewirtschafteten Wäldern, kontrollierten Herkünften und Recyclingholz oder -fasern
Zert.-Nr. SGS-COC-003210
www.fsc.org

INHALT

Steffi Jones,
ehemalige Nationalspielerin, Welt- und Europameisterin, Präsidentin des Organisationskomitees für die FIFA Frauenfußball-WM 2011

Foto: Kunz

Dass der Fußball etwas ganz Besonderes ist, erlebe ich seit meinem vierten Lebensjahr. Damals habe ich mit dem Fußballspielen begonnen und gemerkt, dass beim Fußball nicht nur Siege oder Niederlagen eine Rolle spielen. Vielmehr habe ich viel über den Umgang mit Menschen aus unterschiedlichen Kulturen gelernt. Und eines ist in allen Kulturen gleich: Der Fußball besitzt die Kraft, die Persönlichkeit zu bilden und soziale Fähigkeiten zu vermitteln. Auch wir wollen mit der FIFA Frauenfußball-Weltmeisterschaft 2011 in Deutschland unseren Teil dazu beitragen und die integrative Kraft des Fußballs demonstrieren. Wir möchten ein tolles WM-Turnier ausrichten, bei dem wir uns und unser Land abermals heiter, weltoffen und gastfreundlich präsentieren.

Fußball ist ein wundervoller Sport für alle – ganz egal, welcher Hautfarbe, Herkunft oder Religion sie sind. Und er verbindet, überall auf dieser Welt – das erlebt auch Felix auf seiner Reise.

Ich wünsche viel Freude beim Lesen dieses tollen Kinderbuches und alles Gute.
Eure Steffi Jones

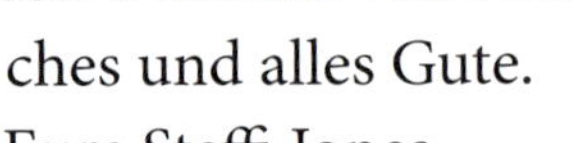

Foto: Philipp Lahm-Stiftung

Philipp Lahm,
Fußballspieler beim FC Bayern München und in der deutschen Nationalmannschaft, Gründer der Philipp Lahm-Stiftung

In meiner gesamten Karriere ist es mir bisher zugute gekommen, dass ich eine solide schulische Ausbildung erfahren habe, in einer behüteten Umgebung. All das half mir, ein erfolgreicher Fußballprofi zu werden. Dafür bin ich sehr dankbar.

Ich persönlich engagiere mich mit meiner Stiftung zur Förderung für benachteiligte Kinder und Jugendliche in den Bereichen Sport und Bildung, insbesondere auf dem afrikanischen Kontinent, aber auch in Deutschland. Deshalb freue ich mich, dass es zu einem meiner Stiftung sehr nahestehenden Thema ein so anschauliches und unterhaltsames Kinderbuch gibt. Ich wünsche euch viel Spaß beim Lesen und viel Neugier beim Schürfen nach neuem Wissen.

Wir sehen uns in Südafrika.
Liebe Grüße, euer Philipp Lahm

Steven „Schillo“ Pienaar,
Fußballspieler beim FC Everton
in der Premier League in England
und in der Nationalmannschaft
Südafrikas

Foto: Paul Broadrick

Aufgewachsen im Township Westbury nahe Johannesburg, kann ich die Situationen, die Felix und seine Freunde in diesem Buch erleben, sehr genau nachempfinden. Ich selbst habe aufgrund meines Talents und dank der wichtigen Hinweise für eine gute Lebensführung von meiner Mutter und dem Glauben an Gott eine einzigartige Chance erhalten. Und ich weiß mein Glück zu schätzen. Dafür musste ich auch hart an mir arbeiten.

Viele Kinder in Südafrika haben nicht dieses Glück. Deshalb freue ich mich ganz besonders, dass durch das Projekt „Auf Ballhöhe“ Kindern in meiner Heimat die Möglichkeit gegeben wird, interkulturelle Begegnungen zu erfahren – und für Bildung und positive Lebensführung motiviert zu werden. Ich bin zuversichtlich, dass dieses Buch einen Beitrag zum Verständnis für andere Kulturen leistet, und würde mich freuen, wenn auch du neugierig geworden bist und eventuell einmal im Urlaub oder mit dem Projekt meine Heimat Südafrika besuchst.

Viel Spaß beim Lesen und alles Gute,
euer Steven „Schillo“ Pienaar

Die folgende Geschichte beruht auf Begebenheiten,
die sich im Rahmen des Projektes „Auf Ballhöhe“ ereignet haben.

Antworten zu Fragen, die sich beim Lesen womöglich ergeben,
findest du ab S. 130.

1. DER FLUG

Fünf Stunden in der Luft, und ich kann es immer noch nicht glauben! Ich befinde mich tatsächlich auf dem Weg nach Südafrika. Ein Land, das ungefähr 9.400 km[1] von meinem Heimatland Deutschland entfernt ist (also ungefähr 89.524 hintereinandergelegte Fußballfelder) und von dem ich schon so viel Unvorstellbares und Tolles gehört habe.

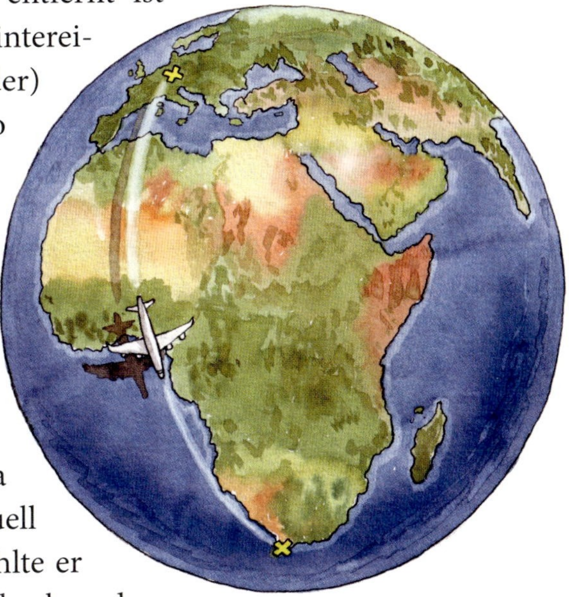

Aber damit nicht genug: Denn als mein Vater mir berichtete, dass er vielleicht die Möglichkeit bekäme, nach Südafrika zu reisen und mich eventuell sogar mitzunehmen, erzählte er mir ganz beiläufig noch, als ob es das Normalste der Welt sei, dass die U19 von Arminia Bielefeld dann auch dabei wäre. Typisch mein Vater! Du musst wissen, dass er, ganz im Gegensatz zu mir, sich nicht allzu viel aus Fußball macht. Aber unter uns gesagt, ich habe die Hoffnung, dass sich das noch ändert und unsere tolle Projektreise, die sozusagen auf Ballhöhe stattfindet, ihren Teil dazu beitragen wird.

Oh, ich glaube, ich habe es wieder einmal geschafft, zu vergessen, mich vorzustellen. Das ist wiederum typisch für mich. Aber es ist ja noch nicht zu spät, denn die Reise fängt ja eben erst richtig an.

Also: Mein Name ist Felix Fellmer. Ich bin zehn Jahre alt, gehe in die vierte Klasse und wohne in Liederbach am Taunus. Mein Vater heißt Tim-Thilo Fellmer und ist Autor und Verleger. Ja, und ob du es nun glaubst oder nicht – er wohnt auch in Liederbach und ich bei ihm.

Ich weiß, eigentlich ist das ja nichts Besonderes, wenn ein zehnjähriger Junge bei seinem Vater lebt, aber bei mir ist es schon ein bisschen etwas Besonderes. Du musst nämlich wissen, dass meine Eltern geschieden sind und mich bei ihrer Trennung gefragt haben, bei wem von ihnen ich leben will, und ich habe mich halt für meinen Vater entschieden. Das Ganze geht aber nur, weil mein Vater viel von zu Hause aus arbeitet und sich so auch um mich kümmern kann. Manchmal übertreibt er es damit zwar ein bisschen, aber na ja, so ist er halt.

Ich glaube, jetzt weißt du erst einmal genug über mein Privatleben. Eigentlich geht es hier ja auch nicht in erster Linie um mich oder meinen Vater, sondern um eine ganze Gruppe von Menschen, vor denen ein exotisches Land und zugleich ein aufregendes Abenteuer liegen. Wenn du möchtest, lade ich dich jetzt herzlich ein, mich und die anderen zu begleiten … Das ist aber schön, dass du dabei bist!

Als ich eben durch den Gang schlenderte, um zur Toilette zu kommen, fiel mir auf, dass es die meisten Passagiere trotz des doch sehr unruhigen Flugs irgendwie geschafft hatten, einzuschlafen. Selbst die Jungs von Arminia waren inzwischen am Träumen.

Mein Vater aber war noch wach und beschäftigte sich, als ich an seinem Platz vorbeilief, gerade mit seinem neuen Fotoapparat, den er extra für diese Reise gekauft hatte. Er hatte sich wegen seiner Flugangst einen Platz weiter vorne in der Maschine organisiert, denn dort, meinte er, würde man die Turbulenzen nicht so stark spüren.

Wenn es nach meinem Vater gegangen wäre, würde ich bei ihm sitzen, aber ich habe mich erfolgreich dagegen gewehrt. Nicht, dass ich meinen Vater nicht gerne an meiner Seite hätte, aber nicht gerade auf einer fast elfstündigen Flugreise. Er kann nämlich beim Fliegen, bedingt durch seine Flugangst, ziemlich anstrengend sein, und außerdem ist es für mich auch eine aufregende Sache, ganz alleine in so einem großen Flugzeug zu sitzen.

Ich bin inzwischen hundemüde, aber das ist ja auch kein Wunder, hatte ich doch gestern Nacht vor lauter Aufregung wegen der bevorstehenden Reise kaum ein Auge zugetan. Ja, und dann ist unsere circa 40-köpfige Reisegruppe immerhin schon seit ungefähr 18 Stunden unterwegs.

So fuhren mein Vater und ich gestern schon früh morgens nach Seligenstadt. Von dort aus ging's mit Robert Berger, der das Projekt 2003 ins Leben gerufen hatte, und noch weiteren ehrenamtlichen Mitarbeitern mit dem PKW zu einer Autobahnraststätte in der Nähe von Fulda.

Dort angekommen, warteten wir höchstens fünf Minuten, als, geradewegs aus Ostwestfalen kommend, der Mannschaftsbus von Arminia Bielefeld vorgefahren kam, und zwar mit der kompletten U19, dem dazugehörigen Betreuerstab und noch weiteren Offiziellen vom Verein. Unter ihnen war auch Peter, der früher selbst als Profi erfolgreich in der Bundesliga gespielt hatte. Nach einem kurzen Kennenlernen bestiegen wir den Bus und fuhren in Richtung München, zum Flughafen, weiter.

Am Flughafen wurden wir dann schon von einer Delegation von Südafrikanern – angeführt von der Generalkonsulin[2] Südafrikas – herzlich empfangen. Außerdem wurden die ersten offiziellen Fotos gemacht.

Ungefähr um 21.30 Uhr saßen wir im Flugzeug. Wenige Zeit später hoben wir mit einer Maschine der South African Airways ab, mit direktem Kurs auf Johannesburg.

„Möchtest du was trinken?"

Wie, was, wo bin ich? Oh, es ist ja schon hell, da bin ich dann wohl doch ein bisschen eingenickt.

„Etwas zu trinken?“

„Ja, gerne, bitte eine Cola.“

„Das halte ich aber für keine gute Idee, geben Sie dem jungen Mann hier bitte lieber einen Apfelsaft.“

„Oh, ja, ja, genau einen Apfelsaft bitte.“

„Hi, Paps, das mit der Cola war ja auch nur ein Spaß. Ich hatte dich natürlich kommen sehen und wollte nur mal gucken, wie du reagierst.“

„Ach ja, und ich hätte schwören können, dass du eben noch tief und fest geschlummert hast, bis die nette Dame dich geweckt hat. Aber wie auch immer, wenn du weiter nichts anstellst, als dir schon zum Frühstück eine Cola zu bestellen, dann kann ich gut damit leben. Wenn wir jetzt gleich gelandet sind, muss ich mich aber, wie zu Hause besprochen, auf dich verlassen können. O. K.?“

„Na klar, Paps, ich werde mich benehmen und keine Dummheiten machen, ich bin ja auch schließlich kein Kleinkind mehr.“

„Ich weiß ja, wenn es darauf ankommt, kann ich mich auf dich verlassen.“ Mit diesen Worten geht er wieder zu seinem Platz.

Ich denke noch über das nach, was mein Vater eben sagte, als ich von der netten Flugbegleiterin nun gebeten werde, mir eine von drei verschiedenen Frühstückssorten auszusuchen. Ich entscheide mich für die amerikanische Variante, mit Rührei und Speck.

Während die Dame mir das Frühstück serviert, bemerke ich auf einmal, dass sie fast keine Haare auf dem Kopf hat. Oder anders gesagt: Die vielen Haare, die sie auf ihrem Kopf

hat, sind so kurz geschoren, dass man Mühe hat, überhaupt welche zu sehen.

Es sind nämlich schwarze Haare auf einer sehr dunklen Kopfhaut. Auch wenn sich das jetzt komisch anhört, aber in diesem Moment wird mir erst richtig bewusst, dass nach unserer Landung *ich* zu einem Exoten werde! Denn einige Zeit vor unserer Reise hatte uns Robert Berger über die Gegebenheiten in Südafrika informiert: zum Beispiel über die verschiedenen Bevölkerungsgruppen und Religionen, die es dort gibt.[3] Ja, so wie die Dame hier vor mir mit ihrem kurz geschorenen Haar und mit ihrer dunklen Haut exotisch auf mich wirkt, so müssen wir Weißen doch auch auf die dunkelhäutige Bevölkerung Südafrikas wirken?! Oder war das nicht so?

Nach dem Frühstück ist es dann so weit, das Symbol fürs Anschnallen leuchtet auf, und wir gehen in den Landeanflug. Juhu, Südafrika wir kommen! Ab durch die Wolken, und schon haben wir einen wunderbaren Blick auf Johannesburg. Ganz ehrlich, so groß hatte ich mir Johannesburg gar nicht vorgestellt. Die Stadt ist gefühlt um ein Vielfaches größer als z. B. Berlin, das ich schon einmal von oben aus dem Fernsehturm gesehen habe. Die Räder berühren den Boden, das Flugzeug wird vom Piloten stark heruntergebremst, rollt dann langsam zur Parkstation, und kurz darauf steht die Maschine. Wow, das nenne ich gekonnt!

2. DAS MÄDCHEN

Der Kapitän der Arminia, Diego, der auf dem Flug neben meinem Vater saß, kämpft sich auf dem schmalen Gang zwischen den schon stehenden Passagieren bis zu mir durch.

„Felix, dein Vater steht schon mit Herrn Berger am Ausgang. Da die beiden etwas zu besprechen haben, hat er mich gebeten, nach dir zu sehen. Soll ich dir dein Gepäck oben aus dem Fach geben?"

„Au ja, das wäre nett."

Nun geht es mit meinem neuen Rucksack, den ich als Handgepäck mit hatte und den uns einer der Projektförderer für die Reise gesponsert hatte, in Richtung Ausgang. Diego weicht nicht von meiner Seite, und andere Spieler gesellen sich noch zu uns.

Gemeinsam laufen wir durch eine ans Flugzeug herangefahrene Röhre[4] und anschließend Richtung Gepäckausgabe. Nachdem wir das letzte Stück in Form eines großen Umzugskartons vom Gepäckband genommen haben, geht es weiter zum Zoll.

Auf dem Weg dorthin zählt Roman, der für das gesamte Projektmaterial verantwortlich ist, nochmals alle Kisten und Koffer. Man sieht ihm förmlich seine Erleichterung an, als er jetzt ganz sicher sein kann, dass alles da ist und wirklich nichts fehlt.

„Felix, weißt du eigentlich, was in den ganzen Kisten drinnen ist? Das müssen ja unzählige Kilos an Übergepäck sein, die da mit uns mitgeflogen sind!"

„Ja, Diego, wenn ich meinen Vater richtig verstanden habe, sind diese gesamten 400 Kilo alles Fußbälle, Trikots und noch andere Sportbekleidungsstücke, die uns von den Förderern des Projektes zur Verfügung gestellt wurden. Ach ja, und noch verschiedenerlei privat gespendete Kinderkleidung. Die Sachen bekommen dann die Schulen, ein Kindergarten und andere Einrichtungen, die wir hier in Südafrika besuchen und bei denen wir ja auch verschiedene Projekte durchführen werden, so wie es auch in den letzten Jahren durch die Projektgruppe organisiert wurde."

„Das ist ja super, da werden sich die Leute aber freuen!"

Der Zoll ist dank eines offiziellen Schreibens der Generalkonsulin – unser sogenannter Joker – schnell passiert. Nachdem er das Schriftstück gelesen hat, veranlasst der Beamte, dass extra für unsere Gruppe zwei weitere Durchgänge geöffnet werden.

Nun stehen wir in einer Flughafenhalle direkt vor dem Hauptein- und -ausgang und warten auf unseren Bus, der uns zum Hotel bringen soll. Der Boden hier in der Halle besteht aus total schönen und edlen großen Fliesen, die blitzblank sauber sind. Ja, man kann sich förmlich in ihnen spiegeln. Die Wände sind auch ganz modern beschaffen: Entweder sind sie mit schönen Wandfliesen gestaltet oder aufwendig mit anderen Materialien verkleidet.

Wenn man an der Stelle, an der wir stehen, nach oben sieht, kann man schräg in ein über uns liegendes Stockwerk sehen, das wie in einer Galerie mit einem Geländer versehen ist. Zu diesem über uns liegenden Stockwerk führt eine Rolltreppe, die nicht weit von uns entfernt ist. Aber hoppla, wer kommt denn da mit der anderen Rolltreppe, die von oben nach unten führt, heruntergefahren?

Das ist wohl auch eine Fußballmannschaft? Ja, das ist eindeutig eine Fußballmannschaft, so etwas erkenne ich schon an der Haltung der Spieler. So einen geschulten Blick bekommt man, wenn man sich so intensiv, wie ich das eben mache, mit dem Thema Fußball auseinandersetzt.

O.K., zugegeben, dass sie alle denselben Trainingsanzug anhaben und zwei von ihnen auch noch einen Fußball in den Händen halten, sind natürlich auch Indizien dafür.

Schön, die Truppe kommt direkt zu uns herübergelaufen, ich werde sie gleich mal fragen, in welchem Verein sie spielen. Das heißt, selber kann ich sie ja gar nicht fragen, denn ich kann ja leider noch kein Englisch und wenn ich ganz ehrlich sein soll, sind meine Kenntnisse der anderen zehn (!) verschiedenen Sprachen[5], die in Südafrika noch gesprochen werden, auch nicht gerade die besten.

„Autsch!“

„Entschuldige Felix, das war keine Absicht.“

Da hat mir doch einer von den Arminia-Jungs, die ein bisschen im Kreis stehend den Ball jonglieren, die „Pille“ gegen den Hinterkopf geschnickt – und ich dachte, die könnten kicken …

„Ist schon gut, hier habt ihr euren Ball wieder!“

WUMMS!

Oh, das war vielleicht ein bisschen fest, aber die Jungs sind ja zum Glück gut zu Fuß.

„Hallo, seid ihr die Deutschen, die beim Metropolitan Premier Cup[6] in Kapstadt mitmachen?“

Ich drehe mich um. Vor mir steht ein dunkelhäutiges Mädchen und fragt nun: „Macht ihr beim Turnier mit?“

„Du sprichst ja Deutsch!“

Das Mädchen grinst über das ganze Gesicht und antwortet nur: „Ist das denn so schlimm?“

„Nein, nein, überhaupt nicht, aber, aaaber äähhh …“

„O.K., ich werde es dir erklären, sonst scheinst du mir ja keine vernünftige Antwort geben zu können.“ Schon wieder grinst sie frech.

„Ich bin zwar in Südafrika geboren, aber mein Papa ist Trainer und liebt Deutschland und den deutschen Fußball seit dem Finale der WM 1990 und hat mich deshalb auf eine deutsche Schule geschickt. Dadurch habe ich regelmäßig Deutschunterricht.“

„Ach so!“

„Jetzt weißt du, warum ich mich auf Deutsch verständigen kann, aber ich weiß immer noch nicht, ob ihr nun das deutsche Team seid, das in Kapstadt beim Turnier spielt?"

„Ja, ja, wir sind die deutsche Hoffnung für das Turnier, das heißt, die U19 von Arminia Bielefeld ist es, äh, ich meine, sie sind die Hoffnung aus unserer Sicht, äh, ich meine aus der deutschen Sicht."

„Ist schon gut, ich weiß ja, was du meinst."

„Lubaya!" Ein Mann ruft, der eben mit der Mannschaft die Rolltreppe herunterkam.

„Oh, ich muss los, aber wir sehen uns ja dann in Kapstadt."

Sie geht ein paar Schritte, dreht sich dann aber nochmals um. „Mein Name ist Lubaya, und wie heißt du?"

„Felix!"

„O.K., Felix, dann bis in ein paar Tagen in Kapstadt! Euch wünsche ich jetzt erst mal eine schöne Zeit in Südafrika, und pass auf, dass du nicht von einem Löwen gefressen wirst!" Die ist ja frech!

Folker, der Fußballtrainer der Projektgruppe, kommt zu mir herüber.

„Na, Felix, schon Freundschaft geschlossen?"

„Wer, ich? Na ja, sie war schon ganz nett, aber sie ist halt ein Mädchen."

„Du bist mir ja einer, was soll denn das heißen?"

In dem Moment ruft uns Robert Berger zusammen. Puh, um diese Antwort bin ich herumgekommen!

Er informiert darüber, dass es noch eine Weile dauern könne, bis wir abgeholt werden, und wer wolle, dürfe sich noch ein bisschen im Flughafen umsehen. Wir sollen aber immer mindestens zu zweit unterwegs sein und nicht alleine losziehen, damit wir uns nicht verlaufen.

Mit meinem Vater und Günther, der ein mitgereister erfahrener Schiedsrichter und außerdem sozusagen der Gruppenälteste ist und mit dem sich mein Vater wohl schon sehr gut versteht, gehe ich gemeinsam los, um eine Runde im Flughafengebäude zu drehen.

„Vati, hast du mitbekommen, was für eine Mannschaft das vorhin war?“

„Ja, das sind die Moroka Swallows[7], deren U19 macht auch bei dem Turnier in Kapstadt mit, und die kommen hier aus Johannesburg. Wenn ich sie mit meinem, wie du ja weißt, leider sehr schlechten Englisch richtig verstanden habe, begleiten das Mädchen und ihr Vater Paul heute das Profiteam zu einem Auswärtsspiel in der höchsten Liga des Landes, der Premier Soccer League. Du wirst übrigens in Kapstadt schon erwartet.“

„Ha, ha, du bist ja wieder witzig, Paps.“

„O.K., das mit dem Erwarten ist vielleicht nicht ganz korrekt, aber du wirst das Mädchen wohl in Kapstadt wiedersehen.“

„Meinst du wirklich?“

„Ja, Robert Berger und Paul, der Papa des Mädchens, kennen sich schon seit vielen Jahren von verschiedenen Begegnungen rund um den Fußball in Südafrika, und Paul ist Trainer der U19 der Moroka Swallows. Das Team nimmt auch regelmäßig am Turnier teil, und Paul nimmt seine Tochter immer mit dorthin.“

„Oh, das klingt ja spannend.“

3. UNSER ERSTES DOMIZIL

So, endlich im Bus, auch wenn der natürlich nicht mit dem Mannschaftsbus der Profis von Arminia zu vergleichen ist. Aber ich will mich auch nicht beschweren, denn unser Schulbus, mit dem ich jeden Tag fahren muss, ist bestimmt nicht besser als dieser hier. Na ja, und unseren Schulbus begleitet auch keine Polizeieskorte, wie es hier jetzt der Fall ist. Ja, ehrlich, vor und hinter dem Bus fahren insgesamt drei Polizeiwagen als Begleitfahrzeuge mit uns mit.

Irgendwie ist das ja echt cool. Man kommt sich schon sehr wichtig dadurch vor. Nur frage ich mich, warum wir hier von Johannesburg aus eigentlich Polizeibegleitung benötigen? Vielleicht ist die Polizei nur da, um uns das Durch-

fahren von Johannesburg zu erleichtern, denn wir halten an keiner roten Ampel, und dabei geht der Busfahrer nicht gerade zimperlich mit dem Gaspedal um!

Robert Berger erklärt mir, dass dies bereits Vorbereitungen auf die Fußball-WM 2010 im Lande seien und die Polizei sozusagen zu Übungszwecken Mannschaftsbusse begleitet.

So dauert unsere Fahrt auch nicht allzu lange, und wir kommen zwar leicht irritiert, aber wohlbehalten an unserem Hotel in Witbank, einer Stadt ca. 140 km östlich von Johannesburg, an. „Puh, das wäre erst mal geschafft!"

„Was meinst du, Felix, ist alles O.K. mit dir?"

„Ja, ja, es ist alles O.K., Paps!"

„Weißt du, Felix, ich möchte dir etwas jetzt gleich zu Beginn unseres ja fast zweiwöchigen Aufenthalts in Südafrika mit auf den Weg geben. Wie du sicher schon gemerkt hast, gibt es hier einiges, was sich gar nicht so sehr von Deutschland unterscheidet, aber es gibt halt auch sehr viel, was für dich neu und ungewohnt sein wird. Ja, und genau darum geht es ja unter anderem auch auf einer Reise in ein anderes Land und in eine fremde Kultur.

Meiner Meinung nach ist es sehr wichtig, dass man für diese Unterschiede offen ist und bereit, sich auf sie einzulassen. Du wirst deswegen nicht alles mögen und für gut heißen, was dir hier zum ersten Mal begegnet, darum geht es auch nicht. Aber wenn man offen und, so gut es geht, auch unvoreingenommen auf etwas, das für einen selbst neu und fremdartig ist, zugeht, ist das bestimmt ein sehr guter Weg, um vieles besser verstehen und für sich selber auch annehmen zu können."

„Oh, Papa, da ist wohl wieder einmal der Dichter und Denker mit dir durchgegangen! Aber es ist schon gut, Paps, ich weiß ja, du meinst es nur gut, und auch wenn ich nicht alles verstanden habe, was du da eben erzählt hast, werde ich mir jetzt Mühe geben, offen für Land und Leute durch Südafrika zu wandeln."

„Siehst du, Felix, mehr wollte ich doch gar nicht erreichen! Komm, lass dich mal drücken, mein cleverer Sohn."

„Ach, Papa, ich glaube, wir müssen jetzt schnell zusehen, dass wir noch ein Zimmer abbekommen, sonst müssen wir unsere erste Nacht hier in Südafrika gleich draußen in der Wildnis verbringen."

„Ich merke schon, du willst einfach nicht von mir in die Arme genommen werden vor all den großen Jungs. Dann lass uns halt um die Wette laufen, wer zuerst am Eingang ist."

Mein Paps, das ist schon einer, jetzt ist er doch glatt bis zum Hoteleingang gespurtet und ruft von dort aus: „Juhu, juhu, ich habe gewonnen!"

Worauf ich zurückrufe: „Würde ich nicht so sehen, denn, juhu, dein Koffer steht noch hier!"

Nachdem mein Vater wieder zurückgewatschelt ist und nun auch seinen Koffer mitgenommen hat, beziehen wir unser gemeinsames Zimmer. Dieses Zimmer ist sehr schön eingerichtet. Ich erfahre dann auch, dass es sich bei dem Hotel um ein Vier-Sterne-Hotel handelt und wir diese tolle Unterkunft der Regierung der gastgebenden Region Mpumalanga[8] zu verdanken haben. Das nenne ich Gastfreundschaft.

Günther, der auch schon auf der Herfahrt im Bus neben mir saß, erzählt mir, dass sich Witbank in eben dieser Provinz Mpumalanga befindet. Da denke ich nur bei mir, was ist denn das für ein phänomenaler Name, Mpumalanga, das hört sich ja stark an. Beim langsamen Aussprechen dieses Wortes sieht man ja förmlich schon einen pechschwarzen Puma mit seinen glänzenden Augen auf seinen Pfoten mit den messerscharfen Krallen durch das Dickicht schleichen. Und wenn man ganz genau hinhorcht, kann man ihn sogar leise schnaufen hören. Es beginnt mit einem langgezogenen „M“: Mmm-**puma**-langa!

Na gut, ich gebe es ja zu, manchmal geht meine Fantasie einfach ein bisschen mit mir durch, schließlich gibt es in Südafrika ja gar keine Pumas[9]. Das liegt wohl an meinen Genen, ich meine, mein Vater ist immerhin Schriftsteller.

Robert Berger erklärt mir, dass der Name Mpumalanga auch etwas bedeutet, nämlich: das Land, in dem die Sonne aufgeht. Erst wundere ich mich darüber, aber der Blick auf die Landkarte macht es mir dann leichter, dies zu verstehen …[10]

Günther weiß Weiteres zu berichten, der hat als Rektor einer Grundschule bildungsmäßig echt was auf dem Kasten! Ich erfahre, dass es in Südafrika verschiedene Bevölkerungsgruppen gibt. Die vier größten sind: Afrikaner (79 %), Weiße (9,6 %), Farbige (Coloureds, 8,9 %) und Inder / Asiaten (2,5 %).[11]

Ja, und dann erzählt mir Onkel Güni, genau so nenne ich ihn ab jetzt, also er erzählt mir noch, dass Südafrika genauso wie Deutschland ja auch eine Republik sei und dass hier eine Provinz, wie ja Mpumalanga eine ist, eigentlich dasselbe sei wie bei uns in Deutschland ein Bundesland. Wenn er es noch richtig in Erinnerung habe, meine er, sogar mal gelesen zu haben, dass das Bundesland Nordrhein-Westfalen in irgendeinem Bezug zu Mpumalanga stehen würde, aber inwiefern, wisse er heute auch nicht mehr.[12]

Es bleibt uns erst einmal nicht viel Zeit, um das tolle Hotel zu genießen, denn durch den verspäteten Transfer vom Flughafen zum Hotel ist alles ein bisschen aus dem Zeitplan geraten. Aber das sei in Südafrika häufig so, sagt einer der uns begleitenden Polizisten zu Onkel Güni. Selbst der als Formel-1-Rennfahrer verdächtige Busfahrer hat daran nichts mehr ändern können.

So haben wir nur gerade mal 20 Minuten, um uns frisch zu machen. Dann sollen wir uns schon wieder am Bus einfinden, weil Christian, der Trainer der Arminia, mit der Mannschaft ein leichtes Training absolvieren will, der schweren Beine wegen. Wenn mich jemand fragen würde, würde ich für ein paar Minuten länger plädieren, aber mich fragt leider niemand nach meiner Meinung. Da ich dennoch neugierig auf das Training bin, stehe auch ich mit allen anderen 20 Minuten später vor dem Bus, und 21 Minuten später sitzen wir im Bus und fahren wieder vom Hotelparkplatz.

4. DAS ERSTE TRAINING

Vorbei an einer interessanten Landschaft geht es in Richtung eines Fußballplatzes, zum ersten Training auf südafrikanischem Boden. Immerhin soll ja auch schon morgen das erste Freundschaftsspiel stattfinden.

Ricardo, der mit seinen 17 Jahren das jüngste mitgereiste Mitglied des Projektes ist, natürlich nur, wenn man mich nicht mitzählt, erklärt mir, dass wir uns deshalb so beeilen müssen, weil es nicht mehr allzu lange hell sein würde. Im April sei nämlich hier fast schon Spätherbst, wenn nicht sogar Winteranfang, und da würde die Sonne schon um ungefähr 18 Uhr untergehen.[13] Ich schaue auf meine Uhr. „Da bleibt uns ja wirklich nicht mehr viel Zeit, es ist ja schon 16.15 Uhr."

Eines ist auf jeden Fall sicher: Die Polizeistreife, die unserem Bus vorausfährt, weiß auch, dass wir es eilig haben. Die Blaulichter auf den Dächern ihrer Fahrzeuge sind angeschaltet, und wenn Autos vor uns nicht sofort Platz machen, lassen sie zusätzlich auch noch ihre Polizeisirenen aufheulen.

Glaub mir, wenn ich das hier nicht gerade erleben würde, würde ich es nicht für möglich halten. Ich hätte mir nicht vorstellen können, dass ein größerer Reisebus so schnell sein und vor allem so schnell um Kurven fahren kann. Wow, und ich dachte immer, Achterbahnfahren sei aufregend!

Unser Hotel liegt ja auch etwas außerhalb vom Stadtzentrum, aber eigentlich in einer eher wohlhabenden Gegend. Jetzt fällt mir auf unserer Fahrt zunehmend auf, dass sich das Stadtbild verändert und die Häuser, an denen wir vorbeifahren, immer einfacher werden.

Viele der „Häuser“ erinnern mich an einfache Gartenhäuschen in der Kleingartenanlage von Liederbach, zum Teil sind sie sogar noch viel einfacher, kleiner und teilweise aus Holz- und Blechresten zusammengezimmert.

Nach ungefähr 15 Minuten Reisezeit, ich meine natürlich Rasezeit, sonst hätten wir ja sicher doppelt so lange gebraucht, kommen wir dann an unserem Ziel an. Es ist ein großes, umzäuntes Gelände, auf dem wir auch schon von außen einen Fußballplatz mit einer gar nicht mal so kleinen Tribüne sehen konnten. Einer der Polizisten steigt aus seinem Streifenwagen aus und öffnet das Eingangstor.

Der Busfahrer stellt den Motor ab, und die Türen sind noch nicht ganz offen, da springen schon die ersten Jungs aus dem Bus. Jetzt merkt man wirklich, wie sehr sie sich darauf freuen, endlich ein bisschen kicken zu dürfen. Ehrlich gesagt, geht es mir ganz genauso, also nichts wie hinterher!

„Oh, wo kommen die denn alle her?“

Mindestens 15 afrikanische Kinder, neugierig dreinschauend, stehen auf einmal neben dem Bus, und einige laufen gemeinsam mit den ersten Spielern durch das offene Tor auf das Fußballgelände.

Na ja, eigentlich ist es kein Wunder, dass die Kinder aus der Nachbarschaft mitbekommen haben, dass hier etwas los ist, denn mit unserem Sirenengeheule und den drei dazugehörigen Polizeiautos im Schlepptau kann man ja nicht unbedingt sagen, dass wir uns unauffällig angeschlichen hätten.

Aber wie viele das sind! Und dort, von der Straße, kommen immer noch mehr dazu! Das nenne ich doch jetzt mal einen Auftakt! Das erste Training und schon eine ganze Zuschauerschar. Das ist ja cool!

Jetzt aber fix zum Fußballplatz. „Warte, Ricardo, ich komme mit!“

Also, das sieht schon toll aus, wie die trainieren. Ich meine, viele Übungen, die die machen, kenne ich genauso oder ähnlich schon aus dem Training in der E-Jugend meines Heimatvereins. Hier bei den Jungs sieht das Ganze aber dann doch etwas anders aus. Wow, die haben’s ja echt drauf! Und wie die rennen, als ob es kein Morgen gäbe, nein wirklich, man merkt einfach, dass die Einstellung bei den Spielern stimmt. (O.K., dieser Satz klingt ziemlich professionell. Zugegeben, das habe ich schon mal einen Trainer im deutschen Fernsehen sagen hören, aber es klingt auch gut.) Aber wenn sie nicht eine solche Einstellung hätten, wären sie wahrscheinlich auch niemals so weit gekommen. Ich meine, dass sie in einer U19-Mannschaft eines Profivereins spielen, die in der Junioren-Bundesliga ist.

Wow, das nenne ich einen Pass!

„Felix, du bekommst ja deinen Mund vor lauter Staunen gar nicht mehr zu."

„Ja, Paps, ich bin auch ganz begeistert! Vielen, vielen Dank, dass du mich mitgenommen hast und ich hier mit dabei sein darf."

„Ist schon gut, ich finde es auch schön, dass du hier bist, und ich freue mich sehr darüber, dass es dir so gut gefällt.

So, jetzt werde ich mal Günther suchen und ihn bitten, mir ein paar Dinge, die ich die Kinder hier fragen will, zu übersetzen.

Ach Felix, eins noch, wenn du selber ein bisschen spielen willst, ich habe drüben auf der anderen Seite, bei den Rucksäcken der Spieler, noch Bälle liegen gesehen. Da hat bestimmt keiner etwas dagegen, wenn du dir einen nimmst, und ich glaube nicht, dass du dann alleine spielen musst."

Er deutet in die Richtung der inzwischen mindestens 30 bis 40 Kinder, die sich auch ganz begeistert das Treiben auf dem Fußballfeld ansehen.

„Und wie soll ich mich mit ihnen verständigen?"

„Also, Felix, jetzt überraschst du mich aber. Wie du ja nur zu gut weißt, habe ich nun wirklich nicht allzu viel Ahnung vom Fußball, aber eines weiß ja ich sogar, nämlich dass Fußball eine internationale Sprache ist. Da dürfte es doch eigentlich keine Schwierigkeiten mit eurer Kommunikation geben. Oder?"

Beim Aussprechen des Wortes „oder" dreht sich mein Vater schon um und zieht von dannen. Ich bin mir aber ziemlich sicher, noch ein leichtes Grinsen in seinem Gesicht gesehen zu haben. Wie auch immer, wahrscheinlich hat er ja recht, ich sollte es wenigstens mal versuchen. Irgendwie werden wir schon beim Kicken miteinander klarkommen.

Ich bin auch schon gespannt, was die hier fußballmäßig so drauf haben, ziemlich sportlich sehen die meisten von ihnen auf jeden Fall schon mal aus. Von denen ist ja wirklich niemand nur im Entferntesten ein bisschen zu dick. Das ist bei uns zu Hause in der Schule oft anders. Die Kinder hier werden doch wohl genügend zu Essen bekommen??? So, jetzt mal allen Mut zusammennehmen, den Ball holen und mal gucken, wie es läuft.

Also, die Kids hier können vielleicht rennen, die haben so eine Ausdauer, da komme ich kaum mit, obwohl ich natürlich auch topfit bin.

Mit dem Ball umgehen können sie auch, und zwar sowohl die Jungs als auch die Mädchen. Die Mädchen spielen hier voll mit, und das richtig gut. Mehr als die Hälfte der Kinder hatten eben beim Spielen keine Schuhe an, aber haben trotzdem einen Schuss gehabt, der sich sehen lassen konnte. Manche teilen sich auch ein Paar Schuhe …

Ah, das Geräusch kenne ich doch. So, die Sirenen sind wieder angeschaltet, und das „Achterbahnfahren" beginnt aufs Neue. Da habe ich vor lauter Spaß am Kicken mit den anderen Kindern glatt verpasst, dass die Mannschaft schon wieder im Bus sitzt … Eine Stunde kicken, und ich bin schlagkaputt.

5. Offizieller Empfang und nasse Hosen

Mein Vater erzählt mir auf der Fahrt zum Hotel, dass er mit Onkel Günis Hilfe als Übersetzer einiges von den Kindern erfahren hat. Sie erzählten ihm zum Beispiel, dass die Schule hier um kurz vor 8 Uhr anfängt und dann um kurz vor 13 Uhr zu Ende ist. Dass die meisten von ihnen, die hier in der Gegend wohnen, auch zur Schule gehen und dass sie dort von Anfang an alle Englisch lernen.

„Was, die lernen schon ab der ersten Klasse Englisch?"

„Ja, das hat Günther mir so übersetzt. Günther war auch ganz begeistert darüber, wie gut die Kinder hier alle Englisch sprechen können. Es ist wohl so, dass Englisch hier die Hauptsprache im Schulsystem ist und in den Schulen in allen Fächern Englisch gesprochen wird. Zumindest so ungefähr muss das wohl sein, aber ehrlich gesagt, so ganz genau habe ich das auch noch nicht verstanden."[14]

Das mag ich an meinem Vater, er redet einfach offen und ehrlich darüber, wenn er etwas nicht weiß, kann oder einfach nicht verstanden hat. Ich bekomme das leider nicht immer so gut hin, obwohl ich es eigentlich toll finde, wenn Menschen auch mal ganz ehrlich zeigen, dass sie Schwächen haben und nicht in allem, was sie machen, super sind und alles können.

Ach, wir sind ja schon wieder am Hotel! Nur Fliegen ist schneller, oder wie heißt es?

Im Hotelfoyer erfahren wir von Herrn Berger, oder besser gesagt von Robert – er hatte mir ja im Bus das Angebot gemacht, ihn beim Vornamen zu nennen –, dass wir wieder nicht sehr viel Zeit zum Ausruhen haben würden, denn wir sollten uns nämlich schon um 19 Uhr wieder zur Abfahrt vor dem Hotel treffen. Also langweilig wird es einem auf dieser Reise wohl nicht, nein, das kann man ehrlich nicht sagen.

„Paps, ich gehe schon mal aufs Zimmer."

„Das ist eine gute Idee, und ich habe gleich noch eine zweite, du könntest nämlich, bis ich gleich nachkomme, schon mal duschen. Was hältst du davon?"

„Ach, Vati, muss das sein?"

„Ich will es mal so sagen: Vorhin im Bus, als ich neben dir saß, roch es nicht gerade nach Veilchen und Lavendel. Es war eher ein leicht in der Nase beißender und, um es mal nett auszudrücken, sehr exotischer Geruch."

„Aber Paps, wir sind doch auch in einem sehr exotischen Land!“

Eineinhalb Stunden später sitze ich, natürlich frisch geduscht, zwischen meinem Vater und Onkel Güni an einem großen, wunderschön dekorierten Esstisch, der in einem Raum mit gedämpftem Licht und mindestens neun weiteren Tischen, so wie der unsrige, steht. Der Raum, in dem wir hier sitzen, gehört zu einer ziemlich coolen Freizeit- und Einkaufsanlage, die sich auch in Witbank befindet und zu der wir eben vom Hotel aus gefahren waren.

„Pfeif!!!!!!“

Oh, da ist wohl ein Mikrofon leicht übersteuert, oder es ist hier in Südafrika vielleicht ja auch üblich, so die Aufmerksamkeit auf sich zu lenken. Auf jeden Fall sind jetzt alle, die sich im Raum befinden, schlagartig verstummt und blicken entgeistert in Richtung eines Herrn, der eindeutig zu den 79 % der afrikanischen Bevölkerungsgruppe gehört. Seine Hautfarbe ist wirklich tiefschwarz. Selbst wenn ihm das mit dem Mikrofon-Gepfeife peinlich wäre und er rot werden würde, könnte man ihm das bestimmt nicht ansehen.

Onkel Güni übersetzt meinem Vater und mir, was der Herr mit dem Mikrofon zu sagen hat. So erfahren wir, dass er der Bürgermeister von Witbank ist und dass er uns herzlich willkommen heißt. Dann geht es um den Fußball in Südafrika und dessen unheimlich großen Stellenwert hier im Land und um die bevorstehende Weltmeisterschaft und die Freude darauf, die ganz Südafrika schon in sich trägt.

Am Schluss seiner Rede geht er dann noch auf ein Freundschaftsspiel ein, das morgen zwischen einer Mannschaft aus Witbank, den Mpumalanga Black Aces[15], und unseren Jungs stattfinden soll.

„Paps, hast du davon gewusst?"

„Pst, lass uns doch erst einmal hören, was der Herr Bürgermeister noch zu sagen hat."

Ich will nicht unhöflich klingen, aber von mir aus müsste er eigentlich nur noch sagen, dass das Büffet jetzt eröffnet ist. Na ja, gut, vielleicht könnte er dann noch erwähnen, dass Kinder und Frauen vorgelassen werden sollen.

In dem Moment übersetzt Onkel Güni: „Ich würde mich freuen, wenn Ihnen unser kleines Büffet zusagen würde, und möchte Sie jetzt herzlich dazu einladen."

Oh, das nenne ich aber mal Gedankenübertragung.

„Onkel Güni …"

„Wie nennst du mich?"

„Äh, ah, sorry, ich …

„Ist schon in Ordnung. Was wolltest du wissen?"

„Ach nur, ob der Bürgermeister noch etwas bezüglich des Büffets gesagt hat. Ich meine so etwas wie, dass man den Damen den Vortritt lassen soll oder so."

„Wie bitte?"

„Ach, schon gut, ist nicht so wichtig."

Wie es den Anschein hat, bin nicht nur ich sehr hungrig, denn es bildet sich sofort eine lange Schlange vor den Tischen, auf denen die toll dekorierten Essensplatten und Schüsseln stehen. Es ist wie im Schlaraffenland, du müsstest es mit eigenen Augen sehen, alles nur vom Feinsten und so appetitlich angerichtet. Wow, das nenne ich aber mal ein Essen!

30 Minuten später und drei Teller mit ausgezeichnet schmeckenden Köstlichkeiten schwerer – die Teller waren natürlich wohlproportioniert, ich weiß ja, was sich gehört – sitze ich nun satt und ein klein wenig ermattet auf meinem Stuhl. Die lange Anreise und das straffe Programm heute zeigen bei mir Wirkung und meine Augenlider werden immer schwerer und schwerer … Oh je, jetzt nur nicht einschlafen, Felix, reiß dich am Riemen.

O.K., gerettet. Ein Herr, diesmal aber nicht der Bürgermeister, hält nochmals eine Ansprache, und das so laut, dass ich dabei nicht mehr Gefahr laufe, einzuschlafen. Das hoffe ich zumindest.

Der Herr spricht Englisch, übersetzt dann aber alles, was er gesagt hat, auch ins Deutsche. So ist Onkel Güni als Übersetzer erst einmal seinen Job los. Was ihm aber auch sehr entgegenkommt, denn er hat sich eben noch einen Nachschlag vom Nachtisch geholt, und mit vollem Mund übersetzt es sich ja wahrscheinlich nicht so gut.

Wir erfahren nun, dass der Herr aus Deutschland kommt, und zwar aus dem Bundesland Nordrhein-Westfalen, das ja auch die Partnerregion der Provinz Mpumalanga ist.[16] Onkel Güni schaut zu mir rüber, er hat ein bisschen Vanilleeis an seiner Nase kleben.

„Siehst du, Felix, ich wusste doch, da gibt es eine Verbindung zu Nordrhein-Westfalen. Die Partnerregion ist es also."

Der Herr erzählt jetzt einige politische Dinge, die ich noch nicht so richtig verstehe, aber es geht wohl vor allem um den Austausch von Wissen und Erfahrungen zu beiderseitigem Vorteil. Später erfahren wir noch, dass das zuständige Ministerium aus Nordrhein-Westfalen die Teilnahme der Mannschaft aus Bielefeld an der diesjährigen Projektreise finanziell unterstützt und dadurch erst möglich gemacht hat.

Da unser Tisch nicht weit von der Tür entfernt ist, die aus dem Raum führt, und ich das Gefühl habe, gerade nichts Weltbewegendes zu verpassen, entschließe ich mich, einem natürlichen Bedürfnis nachzugehen.

„Paps, ich gehe mal auf Toilette."

Flüsternd antwortet er mir: „Ja, ist gut, aber bitte komme gleich wieder, denn ich nehme an, dass das hier bald zu Ende ist und wir uns anschließend gleich in Richtung Hotel in Bewegung setzen werden."

„Okidoki, Paps, wird gemacht."

So, geschafft, bis zur Tür hat eigentlich gar keiner mitbekommen, dass ich quasi auf Zehenspitzen hinausgeschlichen bin. Ja, und dafür, dass die Tür so knarrte und es so einen Durchzug gab, dass sie mir dann auch noch mit einem lauten Schlag zugeknallt ist, kann ich ja nichts. Oder?

Wie war das jetzt noch gleich? Den Gang bis zum Ende durch, dann links und gleich wieder rechts …

Also, wenn ich es Paps nicht versprochen hätte, gleich wieder zurückzukommen, würde ich ja gern einen kleinen Ausflug durch das Gebäude machen. Aber, na ja, er verlässt sich halt auf mich, was, wie ich finde, auch eine klasse Sache ist. Es ist sogar so, dass ich manchmal das Gefühl habe, je mehr Freiheiten mein Vater mir gibt, umso mehr will ich ihm auch beweisen, dass ich sie verdient habe.

Oh je, jetzt werde ich aber tiefgründig. Apropos tiefgründig, hier um die Ecke müssten ja auch die Toiletten sein?!

Ah, da sind sie ja! Jetzt bin ich gespannt, was für Toiletten hinter der Tür auf mich warten.

Habe ich es mir doch gedacht, die haben hier wie am Flughafen beide Arten. Die afrikanischen und die normalen Toiletten. Andererseits, wer sagt eigentlich, welche die normalen Toiletten sind und welche die unnormalen? Für die Afrikaner sind ihre Toiletten wahrscheinlich die normalen Toiletten. Also, wie auch immer, ich finde es gut, dass es hier auch welche gibt, auf die man sich setzen kann, denn bei den afrikanischen Toiletten ist einfach nur ein Loch im Boden, und man erledigt dann alles, indem man sich darüber hockt.

So, jetzt habe ich aber die Toiletten zur Genüge inspiziert. Ich werde jetzt einfach mal eine benutzen und zurückgehen, sonst wird noch für mich eine Vermisstenanzeige aufgegeben.

Na, das hätte jetzt nicht sein müssen, ich wollte mir nur die Hände waschen und nicht gleich duschen, aber das kann ja auch keiner ahnen, dass das Wasser da so aus dem Hahn geschossen kommt. Nun ja, es gibt Schlimmeres, sieht halt nur ein bisschen komisch aus mit der nassen Hose da vorne. Zum Trockenlegen ist jetzt aber keine Zeit, ich muss zurück.

Das verstehe ich jetzt nicht! Wenn ich mich nicht täusche, ist das Lubaya, das Mädchen, das ich heute Vormittag im Flughafen kennengelernt habe. Sie kommt geradewegs auf mich zu. Ja, ich glaube schon, dass sie es ist. Und ich mit der nassen Hose … na, ganz toll.

Sie ist einfach an mir vorbeigelaufen. Dabei schien sie doch ganz nett zu sein, und jetzt grüßt sie mich noch nicht

einmal. Phhh, dann halt nicht, das ist mir doch schnurzpiepegal!

Eigentlich kann sie es ja auch gar nicht gewesen sein, sie ist ja mit ihrem Vater und der Fußballmannschaft zu einem Auswärtsspiel geflogen. Aber vielleicht kam da auch etwas im letzten Augenblick dazwischen, und sie sind doch nicht geflogen?

Ich habe sie, weil ich so überrascht war, sie hier zu sehen, ja auch nicht gegrüßt. Vielleicht ging es ihr ja genauso, und sie denkt jetzt auch, dass ich sie ja wenigstens hätte grüßen können. Oh Gott, sie glaubt jetzt bestimmt, dass ich total unhöflich bin. Ich muss unbedingt nochmals zurück und ihr das alles erklären.

„Felix, da bist du ja! Komm, wir müssen los, die meisten sitzen schon im Bus."

„So ein Mist!"

„Was sagst du Felix?"

„Ach, schon gut, Diego, ich habe nur laut gedacht." Vielleicht habe ich das Mädchen aber auch einfach nur verwechselt …

6. EIN INTERESSANTER VORMITTAG IM STADION

Nachdem wir gestern wieder am Hotel angekommen waren, hatte ich nur noch einen Wunsch, nämlich so schnell wie möglich in mein Bett zu kommen. Als ich dann endlich darin lag, schlief ich innerhalb von einer Minute ein (wahrscheinlich war es noch nicht einmal eine Minute). Mein Vater musste mich heute Morgen auch mindestens *drei*mal wecken, bis ich dann schließlich *ein*mal aufgestanden bin.

Doch jetzt bin ich wieder hellwach und genieße gerade das leckere Frühstück, das es hier im Hotel gibt. Das Obst schmeckt hier besonders gut. Da schmeckt man so richtig die Sonne. Mmmh, da hole ich mir doch gleich noch mal was. Ein paar extra Vitamine kann ich heute bestimmt gut gebrauchen, denn es steht wieder ein straffes Programm an, wie wir eben von Robert erfahren haben. O.K., ich hätte auch auf den Plan schauen können …

Wir fahren schon nach dem Frühstück zu einem Stadion, das sich in dem ehemaligen Homeland KwaNdebele befindet.[17] Das liegt ungefähr 100 km von unserem Hotel entfernt in Kwa Mahlanga, und wir werden erst heute Abend wieder zurückkommen.

Im Bus auf dem Weg zum Stadion sitzt Onkel Güni wieder neben mir.

„Felix, weißt du eigentlich, was ein Homeland ist?"

„Nein."

„Weißt du denn, was der Ausdruck Apartheid bedeutet?"

„Nein, eigentlich auch nicht, ich habe das Wort nur schon einmal gehört."

„Wenn du möchtest, kann ich dir über die beiden Begriffe ein bisschen was erzählen."

„Gerne, Onkel Güni."

„Ich hatte dir gestern doch bereits eine kurze Beschreibung der verschiedenen Bevölkerungsgruppen in Südafrika gegeben."

„Ja, genau."

„Inzwischen dürfen diese verschiedenfarbigen Menschen auch alle zusammen, quasi ohne ‚Trennungslinien', miteinander leben. Aber das war nicht immer so!"

„Nein?"

„Nein, Felix. Vor einigen Jahren nämlich[18], als in Südafrika noch die ehemaligen Kolonialherren in der Regierung das Sagen hatten, also in der Zeit der ‚Apartheid' oder auch Rassentrennung, wollte diese Regierung, dass sich alle Schwarzen, Mischlinge und sonstigen Dunkelhäutigen in anderen Gebieten als die Weißen aufhalten. Das hieß, die Nicht-Weißen sollten nicht nur andere Schulen besuchen, andere Berufe ausüben usw., sondern sollten auch ganz woanders wohnen. Auch Hochzeiten untereinander waren nicht erlaubt. Man nannte das ‚territoriale' Abgrenzung. So entstanden also die sogenannten ‚Homelands'. Die weißen Apartheid-Führer nannten die Homelands auch Bantustan.[19] In diese wurden alle

Schwarzen umgesiedelt, ob sie es wollten oder nicht, damit sie möglichst nicht mit den Weißen in Berührung kamen."

„Wirklich?"

„Ja, leider. So, jetzt weißt du wieder ein klein wenig mehr über die Geschichte Südafrikas."[20]

„Danke, Onkel Güni, das war sehr interessant."

So, das ist also das Stadion. Oh, da sind ja auch schon einige Kinder und Jugendliche in Trikots – und wie viele das sind! Das muss ich mir gleich mal aus der Nähe ansehen. Da drüben steht ja auch schon mein Vater.

„Paps, weißt du, was jetzt hier genau passieren soll?"

„Wir werden hier mit verschiedenen Schulmannschaften Trainings durchführen."

„Na, dann haben unsere Jungs was zu tun, hier laufen ja unzählige verschiedene Mannschaften herum."

„Wir machen doch alle mit. Das wird sicher klappen und bestimmt auch viel Spaß machen. Immerhin haben wir ja gestern Abend, als du schon geschlafen hast, alle darüber gesprochen, und Robert hat uns gemeinsam mit Volker Schmidt (nein, nicht unser Trainer Folker – Volker arbeitet im Auftrag von Nordrhein-Westfalen in Mpumalanga) auf den heutigen Tag intensiv und gewissenhaft vorbereitet."

„Oh Paps, da bin ich aber jetzt wirklich gespannt, wie du dich so als Fußballtrainer, mit deiner langjährigen Fußballerfahrung, machst!"

„Ja, ja, mach dich nur lustig über deinen Vater, aber auch für mich gibt es hier eine Aufgabe. Zwar nicht als Trainer, denn dafür benötigt man einen Trainerschein und Erfahrung, aber Folker hat mir schon einen Hilfsjob zugewiesen."

„Na klar, Paps, du machst das schon, und wie es aussieht, geht es auch bald los.“

Da vorne erklären wohl schon Folker, der ja auch der sportliche Leiter des Projektes ist, und Christian, der Trainer der Arminia, den einheimischen Trainern, wo sie sich mit ihrer Mannschaft hinbegeben sollen. Zehn Minuten später stehen insgesamt mindestens 150 südafrikanische Jungs und Mädchen im Alter zwischen 10 und 16 Jahren in Reih und Glied am Rande des Spielfeldes.

Nicht, dass ich behaupten will, dass es bei uns zu Hause im Verein keine Disziplin gäbe, aber wie das hier vonstattengeht, ist schon noch mal was anderes und nicht mit zu Hause vergleichbar! Wenn ein verantwortlicher Trainer oder Lehrer hier in Südafrika was sagt, sind die Mädchen und Jungs schlagartig ruhig und machen sofort ohne Murren das, was ihnen aufgetragen wurde. Da habe ich bei uns daheim aber schon hin und wieder Gegenteiliges erlebt …!

Auf dem Rasenplatz und darüber hinaus – soweit Rasen vorhanden war – haben wir verschiedene Stationen mit Übungen aufgebaut. An jeder Station sind zwei bis drei Leute zuständig und warten darauf, dass ihnen eine Gruppe Spieler zugeteilt wird, mit denen sie dann die jeweilige Übung absolvieren können. Natürlich werden an jeder Station andere Dinge trainiert, und nach einer festgelegten Zeit wechseln dann die Gruppen untereinander, bis alle überall einmal waren.

Jetzt ist es so weit, es geht endlich los. Onkel Güni hatte mich vorhin gefragt, ob ich bei ihm und Jonas mitmachen will. Natürlich will ich!

An unserer Station werden typische Regelverstöße im Spiel erklärt und besprochen, wie diese vom Schiedsrichter geahndet werden können, zum Teil sogar müssen. Einmal mehr auf dieser Reise wünschte ich mir, Englisch zu können. Denn auch wenn ich die meisten Regeln vom Verein her kenne, würde ich Onkel Güni und Jonas nun gerne auch inhaltlich komplett verstehen. Die Zeit lässt es einfach nicht zu, dass sie mir alles übersetzen, was sie den Kindern auf Englisch erklären. Jonas ist, nebenbei gesagt, auch ein mitgereister Schiedsrichter. Er ist gerade mal Anfang 20, aber in Deutschland schon in der Junioren-Bundesliga als Schiedsrichter im Einsatz.

Auch wenn ich die beiden nicht verstehen kann, merke ich an den Reaktionen der Zuhörer, wie gut Jonas und Onkel Güni ihre Sache machen. Die Jungs, die alle so zwischen 12 und 15 Jahre alt sind, sind wirklich interessiert und hören sehr aufmerksam zu.

Bitte lach jetzt nicht, aber wenn ich hier die Gruppe südafrikanischer Jungs sehe, wie sie an den Lippen von Onkel Güni hängen, um auch möglichst alles zu verstehen und nichts zu verpassen, fällt mir ein Satz ein, den mein neuer und von mir nicht gerade geliebter Klassenlehrer häufig sagt. Der meint nämlich immer zu uns: „Ich will doch nur mal sehen, dass ihr auch wirklich lernen wollt und mir konzentriert zuhört.“ Dann fügt er oftmals noch hinzu: „In eurem Alter kann ich ja wohl von euch erwarten, dass ihr ein bisschen Bildungsbereitschaft an den Tag legt!“

„Bildungsbereitschaft“ – ganz ehrlich gesagt, weiß ich eigentlich gar nicht richtig, was der Ausdruck bedeuten soll. Weißt du das? Wie dem auch sei, ich habe auf jeden Fall das

Gefühl, wenn Herr Schäfer, so heißt mein neuer Klassenlehrer nämlich, hier wäre, hätte er seine helle Freude. Die Kinder sind alle sehr aufmerksam, interessiert und wissbegierig.

„So, Felix, jetzt brauche ich dich. Kannst du bitte mit Jonas zusammen die einzelnen Regelverstöße, die wir eben theoretisch erklärt haben, praktisch vorspielen?"

„Na klar, sagt mir einfach, was ich zu tun habe."

„Jonas, erklärst du Felix bitte, wie ihr das jetzt zusammen macht, und ich teile in der Zeit schon mal die Schiedsrichterpfeifen sowie die gelben und roten Karten aus."

„O.K.!"

Nachdem mich Jonas nun eingewiesen hat, geht es los. Wir stellen gemeinsam ganz verschiedene Spielszenen nach, in denen ein Schiedsrichter im normalen Spielverlauf reagieren muss: Mal ist es ein falsch ausgeführter Einwurf, dann eine Attacke mit einem hohen oder gestreckten Bein. Aber auch das unerlaubte, jedoch immer wieder gern praktizierte Aufstützen auf den Gegenspieler beim Kopfballduell führen wir vor. Kurzum, es ist eine breitgefächerte Palette an Regelverstößen, die wir nachstellen, bis hin zum absichtlichen Handspiel oder dem einfachen Festhalten des Gegners am Trikot. Also viele unfaire Mittel, mit denen sich ein Spieler einen unerlaubten Vorteil verschaffen will oder einen Gegenspieler verletzen könnte.

Die Südafrikaner haben die Aufgabe, immer im richtigen Moment zu pfeifen, eine angemessene Entscheidung zu treffen und, falls angemessen, mit der gelben beziehungsweise roten Karte eventuelle persönliche Strafen auszusprechen.

Puh, das Ganze macht ja wirklich Spaß, ist aber auch echt anstrengend! Denn obwohl es erst kurz vor 11 Uhr ist, wird es zunehmend wärmer auf dem Platz. Direkt in der Sonne herrschen inzwischen bestimmt schon an die 30 °C. Ich hatte eigentlich nicht angenommen, dass es zu dieser Jahreszeit in Südafrika überhaupt noch so heiß ist, und schon gar nicht vormittags um 11 Uhr.

Immerhin hatten wir im Vorfeld der Reise gesagt bekommen, dass in unserem Reisemonat April hier die Jahreszeit Herbst ist und durchaus auch mal mit schlechterem Wetter zu rechnen wäre. Ja, ehrlich, im März fängt hier in Südafrika der Herbst an und endet im Mai, da ist dann schon Winterbeginn. Also sind die Leute uns hier, was die Jahreszeiten anbelangt, ungefähr ein halbes Jahr voraus oder hinterher, ganz, wie man es sehen will. Zumindest aber sind die Jahreszeiten hier um sechs Monate verschoben.[21]

Witzigerweise gibt es aber keine Verschiebung, was die Uhrzeit betrifft. Das heißt, wenn es um diese Jahreszeit hier 11 Uhr ist, dann ist es in Deutschland auch gerade 11 Uhr und nicht eine Minute früher oder später. Und das, obwohl fast 9.400 km zwischen Deutschland und Südafrika liegen. Fantastisch, oder?[22]

Ein lauter Pfiff ertönt, und der Ruf von Christian ist über den ganzen Platz zu hören: „Wechsel!" Nun wechseln alle im Uhrzeigersinn eine Station weiter, und nach einem kurzen Verabschieden von unserer Gruppe kommt schon eine neue.

Diesmal ist es eine Mädchenmannschaft. Die Mädchen sind, schätze ich mal, so in meinem Alter. Ich sehe sie mir alle ganz genau an. Es könnte ja sein … Aber nein, keine von ihnen ist Lubaya oder sieht ihr nur im Entferntesten ähnlich.

Ah, da kommt ja noch ein Mädchen zu uns herübergelaufen. So auf die Ferne gesehen … Die Größe würde stimmen und die Haarlänge auch … Nein, sie ist es nicht, wäre ja auch ein verrückter Zufall gewesen, wenn wir uns hier nochmals getroffen hätten.

Während Onkel Güni und Jonas wieder die verschiedenen Regeln erklären, gucke ich mich ein bisschen auf dem Platz um. Es ist ein buntes Treiben, das man hier sieht. Die einzelnen Mannschaften haben alle ihre Trikots an, die teilweise auch schon sehr ausgewaschen und alt sind. Dazwischen sind dann immer wieder die Farben unseres Teams zu sehen.

Hier ist wirklich was los, ich schätze mal, zeitweise sind insgesamt bestimmt 200 Leute auf dem Platz zugange. An der einen Station werden Kopfballspiel und Torschuss geübt, an einer anderen Einwurf, Ballannahme und ein gutes Passspiel, und wieder woanders wird mit dem Ball am Fuß ein aufgebauter Parcours dribbelnd gemeistert.

Das Ganze ist schon eine verrückte Sache, wenn man sich mal vor Augen hält, wie unterschiedlich die Menschen hier auf dem Platz sind. Ja, und obwohl sie so unterschiedlich

sind, haben sie alle gemeinsam viel Freude und verstehen sich untereinander prächtig. Fußball ist schon klasse!

Wie ich beobachten kann, schlägt sich auch mein Vater ganz wacker. Wer hätte das gedacht?

Nach der Gruppe mit Mädchen folgen noch einige weitere, bis dann der letzte Pfiff ertönt und alle Gruppen an jeder Station einmal im Einsatz waren.

Puh, jetzt bin ich aber auch geschlaucht und fix und fertig! Wenn ich mir die anderen so ansehe, geht es aber offensichtlich nicht nur mir so.

Ah, da kommt ja Paps oder zumindest das, was von ihm übrig geblieben ist.

„Paps, alles O.K. bei dir?“

„Natürlich“, hechelt er, „du glaubst doch wohl nicht, dass mich zwei bis drei Stunden Fußball bei gefühlten 50 °C schaffen würden?“

„Nein, Paps, dich doch nicht, du siehst ja auch noch taufrisch aus!“

„Ich weiß gar nicht, was es da zu lachen gibt, du kleiner, frecher Bengel. Für dich langt meine Puste noch allemal.“

„Nicht, Paps, was sollen denn die anderen denken?!“

„Felix, du solltest dir jetzt mal lieber nicht wieder so viele Gedanken machen, was andere denken könnten, sondern dir eher überlegen, wie du dich jetzt aus meinen riesigen Klauen befreien kannst. Ich werde dich nun nämlich nach alter Familientradition, als Strafe für das ungebührliche Verhalten, welches du eben deinem Vater gegenüber an den Tag gelegt hast, nach Strich und Faden durchkitzeln.“

„Bitte, bitte, nicht hier, Paps!“

„Gut, mein Sohn, dann werde ich dir halt erst noch einmal deine Freiheit schenken und Gnade vor Recht ergehen lassen. Sei dir aber darüber im Klaren, die Strafe ist nur aufgeschoben und nicht aufgehoben! Heute noch im Hotelzimmer zu späterer Stunde wird sie dann ohne jegliches Erbarmen von mir mit aller Härte vollstreckt."

Jetzt aber schnell weg hier, bevor er es sich noch einmal überlegt.

„Warte, Onkel Güni, ich helfe dir tragen!"

„Felix, ich habe doch nur die Tüte mit den Pfeifen und Karten und die eine Pylone hier. Damit komme ich schon zurecht."

„Trotzdem, ich helfe dir gerne."

„In Ordnung, Felix, dann nimm bitte die Tüte, aber pass gut auf sie auf, denn wir werden sie auf unserer Reise noch öfter brauchen."

„Wird gemacht."

7. MITTAGSPAUSE MIT COUSCOUS

Nach einer geringfügigen Verzögerung – der Bus sprang nicht mehr an, und es musste erst ein Lkw angehalten werden, der uns dann Starthilfe geben konnte – fahren wir jetzt zum Mittagessen. Schon fünf Minuten später parkt der Busfahrer den Bus auf einem abgezäunten Parkplatz, der zu einer größeren Halle gehört. Sieht aus wie eine Gemeindehalle oder so etwas in der Art.

Jetzt bin ich aber gespannt, was uns in der Halle erwartet! Durch den Haupteingang geht es in einen Vorraum, in dem es auch eine Garderobe gibt. Von dort aus geht es durch zwei weit aufgestellte Türen in die eigentliche Halle hinein. Aha, so, so, das sieht ja interessant aus!

In der Mitte der Halle stehen mehrere Reihen mit Stühlen. Weiter vorne, bis kurz vor einer sich dort befindlichen Bühne, sind mindestens 25 Sonnenliegen in weiteren drei Reihen aufgestellt. Auf der Bühne, die etwas höher gelegen ist, ist ein warmes Büffet aufgebaut. Aus den verschiedenen Töpfen, die neben einigen Essensplatten stehen, steigt Dampf auf, und die Halle ist mit einem sehr leckeren, für meine europäische Nase exotischen und interessanten Essensgeruch angefüllt. Wir werden herzlich empfangen und gebeten, uns doch am Büffet zu bedienen.

Gut, wenn man uns schon so freundlich darum bittet, dann will ich mal nicht so sein und stelle mich gleich an.

Mmmh, lecker! Es gibt unterschiedliche Fleischgerichte und Geflügel. Als Beilage Kartoffeln, Reis und Couscous.

Ganz nebenbei gesagt, falls du es nicht selbst schon weißt: Couscous ist in Teilen von Afrika ein Grundnahrungsmittel und wird aus zerriebenem Grieß von Weizen, Gerste oder Hirse hergestellt. Das hat mir meine Mutter erzählt. Die experimentiert nämlich immer mal wieder mit Gerichten aus anderen Ländern, leider aber nicht immer mit dem größten Erfolg.

Das Büffet wird durch einen Nachtisch mit drei Sorten Kuchen und frischem Obstsalat mit herrlichen Mangos abgerundet. Also, ich muss schon sagen, die Leute hier in Südafrika, zumindest die, die uns bis jetzt begegnet sind, wissen, was Gastfreundlichkeit ist. Ah, da ist noch eine Liege frei, die kommt mir jetzt gerade recht!

„Felix, Felix, willst du hier bleiben oder mit uns fahren?"

Oh, da bin ich doch tatsächlich wieder einmal ein klein wenig eingeschlummert.

„Paps, wie spät ist es denn, habe ich lange geschlafen?"

„Nein, nein, höchstens ein halbes Stündchen. Wir müssen aber jetzt wieder zum Stadion, denn in eineinhalb Stunden, also um 16.30 Uhr, soll das Freundschaftsspiel anfangen."

„Stimmt ja, davon hatte der Bürgermeister gestern schon erzählt."

Somit geht es wieder zum Stadion zurück.

8. VIELE ZUSCHAUER UND LECKERE HÄPPCHEN

Was ist denn hier los, wo kommen denn die vielen Polizisten her? Und guck mal, was für eine Menge Zuschauer schon da ist, das sind bestimmt mindestens 1.000, wenn es nicht sogar noch mehr sind! Da hinten steht auch der Bürgermeister mit seiner Frau. Hätte ich ja nie gedacht, dass das so eine große Sache wird.

Der Bürgermeister begrüßt uns wieder ganz herzlich, und ein Mitarbeiter von ihm teilt Gäste-Ausweise an uns aus. Als ob wir mit unserer „vornehmen" Blässe nicht schon auffällig genug als Gäste zu erkennen wären. Aber der Ausweis sieht richtig schick aus.

Die Kabinen der Mannschaften befinden sich unter der ziemlich großen Tribüne, die das Stadion hat. Die Tribüne zieht sich einmal über die komplette Länge des Spielfeldes und hat mindestens 25 Zuschauerreihen, die weit nach oben reichen.

Dank meines Ausweises (oder ist es doch die Blässe?) komme ich problemlos durch alle Kontrollen bis in unsere Mannschaftskabine. Erst denke ich, ich sehe nicht richtig, aber tatsächlich haben sich Diego und ein paar andere Spieler einige Rastazöpfe flechten lassen. Es sieht zwar ungewohnt aus, aber irgendwie auch nicht schlecht.

„Diego, wann habt ihr euch denn die Zöpfe machen lassen?"

„Vorhin, nach dem Mittagessen, in der Zeit, in der du ein kleines Nickerchen gemacht hast. Da haben wir uns mit ein paar Jungs und Mädchen, die auch beim Training dabei waren, angefreundet, und eins von den Mädchen hat uns dann die Zöpfe geflochten."

„Lubaya hat auch Rastazöpfe."

„Wer?"

„Na, das Mädchen vom Flughafen."

„Felix, ich glaube, ich stehe jetzt wirklich auf dem Schlauch. Ich weiß nicht, wen du meinst."

„Ach, ist schon gut."

Wie kann ihm denn Lubaya mit ihrer witzigen Art nicht aufgefallen sein?

Ich unterhalte mich noch mit ein paar anderen Spielern und merke, dass alle sich zwar sehr auf das erste Spiel auf afrikanischem Boden freuen, aber auch schon unheimlich konzentriert und etwas angespannt sind.

Alle, die nicht zur Mannschaft gehören, müssen jetzt aus der Kabine, weil Christian die Mannschaft in Ruhe auf das Spiel einstimmen will. Da hilft mir auch mein schöner Ausweis nichts. Schade, ich hätte mir gerne angehört, was er seiner Mannschaft vor so einem Spiel mit auf den Weg gibt.

Nun interessiert mich aber schon wieder etwas ganz anderes. Wer singt denn hier? Es scheint aus dieser Richtung zu kommen. Das hört sich ja toll an. Ah, hier wird es immer lauter. Da hinten, am Ende des Gangs, ist eine Gruppe Südafrikaner, die singen und tanzen. Das schaue ich mir doch mal aus der Nähe an.

Es sind bestimmt 20, vielleicht sogar 25 Mädchen und Jungs vor der Kabine der südafrikanischen Mannschaft, die in einer ihrer Landessprachen singen und dabei tanzen. Hier in den Gängen hallt ihr Gesang von den nackten Wänden wider. Ihr Tanzen erinnert mich an Kriegstänze, die ich in Indianerfilmen gesehen habe, nur die Indianer in den Filmen sahen dabei nicht so fröhlich motiviert aus. Abwechselnd tanzt immer einer von ihnen in die Mitte und macht dort ein Solo, und das oft in spektakulärer Art und Weise.

Von den anderen wird der Tänzer in der Mitte mit Klatschen und Zurufen angespornt. So geht es eine ganze Weile, bis sich die Kabinentür der Mpumalanga Black Aces öffnet und einige Spieler herauskommen. Nun wird der Gesang ohrenbetäubend laut, und die Spieler tanzen und singen mit den anderen mit. Es kommen immer mehr Spieler dazu, bis auch der letzte da ist.

Ich kann dir, glaube ich, gar nicht richtig beschreiben, was für eine Wahnsinnsatmosphäre das hier ist. Das klingt alles so harmonisch und melodisch.[23] Es ist auf jeden Fall so, dass ich inzwischen am ganzen Körper Gänsehaut habe und am liebsten mitsingen und tanzen würde, aber das traue ich mich leider nicht.

Die große Tribüne ist fast komplett besetzt, und nach dem Einlaufen der Mannschaften hat nun das Spiel begonnen. Insgesamt sind über 1.500 Zuschauer gekommen, um das Freundschaftsspiel zwischen den Mpumalanga Black Aces aus Witbank und der U19 von Arminia Bielefeld zu sehen. Aber es ist eine Stimmung, als wären dreimal so viele Menschen hier. Mindestens jeder zweite hat hier eine Vuvuzela.

Die Vuvuzela ist ein ca. 60 cm langes, schmales, ich nenne es mal trompetenartiges Blasinstrument[24], das einem Büffel- oder Antilopenhorn nachempfunden ist. Solltest du Schwierigkeiten bei der Aussprache des Namens haben oder ihn dir nicht merken können, dann hilft laut Robert der Name eines Ehrenspielführers der deutschen Fußballnationalmannschaft weiter: Bestellst du nämlich in einem Geschäft in Südafrika „one Uwe Seeler, please“ (sprich: wonuweseeler), so wird der Händler dir sehr wahrscheinlich eine Vuvuzela anbieten. Es ist also ganz einfach, und beides hat mit Fußball zu tun.

Und glaub mir, wenn du hier die Geräuschkulisse hören würdest, würdest du mir recht geben. Man kann kaum sein eigenes Wort verstehen. Aber im Grunde will sich hier jetzt auch keiner unterhalten, dafür ist das Spiel nämlich viel zu spannend.

In der 20. Minute fällt unser erstes Tor in Afrika, das 1:0, ein sehenswerter Kopfballtreffer als Abschluss eines schönen Spielaufbaus nach einem gewonnenen Zweikampf von „Butze“ in unserer eigenen Spielhälfte.

Nach der Pause dann das wohlverdiente zweite Tor für uns. Ich will jetzt nicht behaupten, dass ich ein neutraler Beobachter wäre, aber wir spielen einfach besser und hatten bis jetzt auch schon die eindeutigeren Möglichkeiten.

Was soll ich sagen, das Spiel ist aus, und wir haben tatsächlich mit 2:0 gewonnen! Wenn du jetzt aber denkst, dass das hier im Stadion die Stimmung verhagelt hätte, dann täuschst du dich. Es ist nach wie vor eine super Stimmung, und wie ich gerade gehört habe, ist auch noch eine kleine Feier geplant.

Eine halbe Stunde später genießen wir einen wunderbaren Sonnenuntergangs-Panoramablick. Wir befinden uns alle am obersten Punkt des Stadions, und zwar in der sogenannten VIP-Lounge, und genießen bei guter Bewirtung den Blick in die Ferne. Das Licht hier in Südafrika ist sowieso etwas ganz Besonderes, aber jetzt bei Sonnenuntergang ist es gar nicht mehr in Worte zu kleiden. Es ist einfach ein so prächtiges Abendrot, in das sich der Himmel verfärbt, wie ich es zuvor noch nie gesehen habe. Aber so schön der Anblick auch ist, die Zeit, auf die Tabletts mit den leckeren Häppchen zu greifen, muss schon sein. „Mmmh, lecker, lecker, lecker!“

9. DIE FUSSBALL-WM UND IHRE AUSWIRKUNGEN

Wie viele es genau waren, weiß ich nicht, doch es waren genug Häppchen, die ich gegessen habe, so dass ich gestern Abend nicht nur satt war, sondern total überfuttert. An und für sich habe ich immer noch einen vollen Magen, doch das schmackhafte Frühstück möchte ich mir nicht entgehen lassen. Heute konzentriere ich mich aber vor allem auf das leckere Obst!

„Felix, du kannst schon ins Bad und duschen, ich kämme mich nur noch schnell und bin dann fertig."

„O.K., Paps, ich komme."

Zwei Minuten später stehe ich unter der Dusche und wasche mir die Haare.

„Felix, hast du eigentlich gut geschlafen?"

„Ja, Paps, warum fragst du?"

„Ach nur, weil du die halbe Nacht im Schlaf geredet hast und ich dementsprechend auch die halbe Nacht nicht schlafen konnte."

„Oh, das tut mir leid, Paps."

„Dafür kannst du ja nichts, aber eines würde mich schon mal interessieren …"

„Was denn?"

„Lubaya hat es dir wohl ganz schön angetan?"

„Paps, ich habe Seife im Ohr und verstehe dich so schlecht."

„Ist schon gut, Felix, zumindest durfte ich mir den Namen heute Nacht immer mal wieder anhören. Die junge Dame beschäftigt dich anscheinend auch noch sehr intensiv, während du schläfst. So, ich bringe schon mal unsere fertig gepackten Koffer nach unten, dann ist das schon mal erledigt."

15 Minuten später:

Trotz Magengrummeln habe ich es doch tatsächlich geschafft, mir etwas mehr als nur Obstsalat vom Frühstücksbüffet einzuverleiben. Puh, habe ich mich wieder vollgestopft.

Nach dem Frühstück ging es gleich los, und nun sind wir mit dem Bus unterwegs in Richtung Krüger Nationalpark[25], der, habe ich mir sagen lassen, ungefähr 240 km von Witbank entfernt liegt. Magentechnisch geht es mir wirklich nicht gut, und auch wenn es bestimmt meinem Wohlbefinden dienlich wäre, bin ich froh, dass ich mich hier im Bus nicht großartig bewegen muss und wir eine Weile zu fahren haben. Den Kopf an die Scheibe gelehnt, sehe ich Südafrika an mir vorbeirauschen.

Das Landschaftsbild verändert sich. Eben noch sieht man eine karge Steppe, im nächsten Augenblick eine Gebirgskette, vor der sich ein Mischwald befindet. Einige Kilometer später blicke ich in ein schönes Tal mit einer Wasserstelle, umrahmt von lauter schön gewachsenen Palmen. Oftmals sind es dann aber auch wieder landwirtschaftlich genutzte Felder mit Mais, Getreide und Rüben oder ganze Kolonien von Sonnenblumenfeldern, an denen wir vorbeikommen.

Die verschiedenen bewirtschafteten Felder erinnern mich an zu Hause, denn im Taunus gibt es davon einige. Nun, da ich an Deutschland denke, denke ich auch wieder an die unglaubliche Entfernung, die zwischen Südafrika und Deutschland liegt. Immer, wenn ich an die vielen tausend Kilometer denke, die ich von meinem gewohnten Leben entfernt bin, finde ich das irgendwie unheimlich. Es ist aber nur die große Entfernung, die ich unheimlich finde, nicht das Land. Denn auch wenn vieles in Südafrika anders ist, als ich es von zu Hause her kenne, gibt es hier auch vieles, was mir sehr vertraut vorkommt. Vor allem aber sind die Menschen hier sehr herzlich und freundlich. Da fühlt man sich gleich wohl.

„Butze" ruft auf einmal so laut, dass es jeder im Bus mitbekommt: „Seht mal, da hinten wird ein Stadion gebaut." Alle, die auf der falschen Seite sitzen und deshalb das Stadion nicht sehen können, springen auf und stürzen quer durch den Bus. Wenn der Bus ein Boot wäre, würden wir bestimmt kentern.

Jeder, der einen Fotoapparat hat, zückt ihn, und wer keinen hat, nimmt wenigstens sein Handy und macht ein paar Aufnahmen. Das wird aber auch ein riesiges Stadion! Und das vor dieser tollen Kulisse! Das ist einfach ein Foto wert!

„Onkel Güni, wird das Stadion extra für die Fußball-Weltmeisterschaft gebaut?"

„Ja, zunächst wird es für die Weltmeisterschaft 2010 errichtet. So fußballbegeistert, wie du die Menschen hier erlebst, kannst du dir aber sicher vorstellen, dass das Stadion nach der Weltmeisterschaft nicht unbenutzt herumstehen wird. Oder?

Dieses Stadion hier in Nelspruit ist aber nur eines von insgesamt fünf komplett neuen, die für die Fußball-WM gebaut werden. Fünf weitere werden renoviert und erweitert."

„Was, so viele werden extra gebaut, das muss ja unheimlich viel Geld kosten?"

„Ja, das stimmt, doch noch mehr Geld fließt in andere Baumaßnamen für die WM."

„Was wird denn noch gebaut, das noch teurer ist als die großen, schönen Stadien?"

„Es wird die Infrastruktur ausgebaut oder erneuert und in manchen Regionen eigentlich erst richtig geschaffen. Dadurch entsteht während der WM mit zehntausenden von erwarteten Besuchern kein Chaos, und alle können gut transportiert, versorgt und betreut werden."

„Äh, ehrlich gesagt, weiß ich gar nicht so richtig, was das Wort Infrastruktur bedeutet, Onkel Güni?"

„Kein Problem, Felix. Finde ich gut, dass du es gleich sagst, wenn du etwas nicht verstehst, so kann ich es dir ja jetzt erklären. Also, zu einer Infrastruktur gehören zum Beispiel Straßen, Eisenbahntrassen, Bahnhöfe, Buslinien und Haltestellen, Krankenhäuser, Flughäfen, Hotels, Telefonnetze, selbst Menschen gehören dazu. Es müssen genügend ausgebildete Ärzte, Sanitäter, Feuerwehrleute, Polizisten oder auch Wach- und Servicepersonal in der Zeit der WM vorhanden sein.

Felix, ich könnte dir noch sehr viel mehr aufzählen, was alles zu Infrastruktur gehört, aber ich denke mal, du weißt jetzt schon etwas mit dem Wort anzufangen, oder?"

„Ja, schon, nur hätte ich nie gedacht, dass eine Fußball-Weltmeisterschaft in einem Land so viel in Bewegung bringen kann."

„Felix, obwohl ich schon mehrmals in den letzten Jahrzehnten mitbekommen habe, was für Auswirkungen eine Fußball-Weltmeisterschaft hat, finde ich es alle vier Jahre aufs Neue unglaublich und kann es selbst immer wieder kaum fassen."

10. SAFARI IM KRÜGER NATIONALPARK

Meinen Kopf wieder an die Scheibe gelehnt, denke ich über die Dinge nach, die Onkel Güni mir eben erzählt hat. Die Zeit vergeht, während ich in meine Gedankenwelt versunken bin, wie im Flug, bis der Bus plötzlich zum Stehen kommt.

So ein bisschen wie Fliegen ist unsere Busfahrt auch wieder gewesen. Denn selbst hierher wurden wir von mehreren Polizisten im Streifenwagen begleitet, die, ich will es mal so ausdrücken, nach wie vor einen gewissen und sehr ausgeprägten Hang zum Schnellfahren in sich tragen.

Mit hinein in den Park fahren sie jetzt wohl aber nicht, denn es wird ein Treffpunkt für den späten Nachmittag mit ihnen vereinbart, an dem sie wieder zu uns stoßen wollen.

Eigentlich hätte ich sie im Park schon gerne bei uns gehabt. Nicht etwa, dass ich ein ängstlicher Typ wäre, aber man kann ja nie wissen, welche Tiere einem in so einem Park begegnen. Es könnte doch durchaus sein, dass ein wildes Tier auch mal schlechte Laune hat, nicht wahr? Schlimmstenfalls ist ihm dann auch noch gerade nach einem extra Häppchen Fleisch zumute …

Nachdem wir die Einfahrt passiert haben, geht es mit unserem Bus auf Safari. Na ja, zugegeben, so eine richtige Safari-Stimmung kommt in einem so großen Bus nicht auf, aber hier drinnen ist man zumindest ganz gut geschützt. Ich finde, das ist doch auch schon etwas wert!

Es geht auf sehr engen, jedoch asphaltierten Straßen über eine Stunde in den Park hinein, bis wir durch ein Tor auf ein umzäuntes Areal fahren und parken.

Direkt beim Parkplatz, auf dem nun unser Bus steht, gibt es alles, was ein Touristenherz höher schlagen lässt, und zwar in Form eines Cafés, eines Lokals, einer gut ausgebauten Toilettenanlage und – nicht zu vergessen – eines stattlichen Souvenirladens.

Mein Vater und Onkel Güni gehen mit mir über die Anlage, die wirklich komplett eingezäunt ist, um die Tiere fernzuhalten. Selbst auf der Seite, an der ein Fluss vorbeifließt, ist ein Zaun aufgestellt.

Schon witzig, zu Hause in den Zoos sind die Tiere hinter Gittern, und wir stehen davor und sehen uns an, was sie so treiben. Hier sind *wir* jetzt hinter Gittern und quasi in einem großen Käfig. Ob das eine oder andere Tier uns auch von außen beobachtet?

Onkel Güni gibt ein Eis aus, und wir drei setzen uns auf eine Bank, die ein Stück weit weg vom übrigen Geschehen steht. Einige Bäume spenden uns Schatten, und wir haben einen guten Blick aufs Wasser, in dem es sich eine Gruppe Nilpferde gut gehen lässt. Wow, die schwimmen und plantschen da einfach mal vor unserer Nase in freier Natur herum! Ich weiß nicht, ob du schon mal ein glückliches Nilpferd gesehen hast? Mir kommt es auf jeden Fall so vor, als ob ich ab heute sagen könnte, ich habe einmal in Südafrika eine ganze Gruppe davon gesehen.

Paps: „Hallo, wer bist du denn?"

„Paps, du erwartest aber doch wohl nicht, dass der Affe dir eine Antwort gibt, oder?"

So viel an dieser Stelle zum Thema Affen und Zäune. Der Frechdachs, ein kleiner Pavian, ist da einfach mal von einem der Bäume herunter vor uns auf den Boden gehüpft.

Dieses Exemplar hat sich wohl schon an den Anblick von Menschen gewöhnt, denn es hat überhaupt keine Berührungsängste. Er läuft seelenruhig, mal auf allen Vieren, dann wieder aufrecht, sich groß machend, auf zwei Beinen an uns vorbei. Sein Ziel ist ein einzelner Herr, der nur einige Meter weit weg steht und seine Aufmerksamkeit ganz den Nilpferden gewidmet hat. Ich erkenne, was der kleine Racker vorhat, und rufe so laut, wie ich nur kann: „Vorsicht, ein Affe!" Mein Vater und Onkel Güni fallen vor Schreck fast von der Bank.

Der Herr dreht sich mit einem Ruck um. Doch da ist es schon passiert. Der Affe bringt mit einer flinken Bewegung das belegte Baguette in seine Gewalt und flüchtet mit einem wörtlich zu nehmenden „Affenzahn" auf den nächsten Baum. Der Beklaute steht regungslos mit weit geöffnetem Mund da und braucht erst einmal einen Moment, bis er richtig versteht, was ihm eben widerfahren ist.

Nun kann man dem Affen wohl nur noch einen guten Appetit wünschen und hoffen, dass er sich nicht den Magen verdirbt. Der Herr, dessen Baguette samt Affen inzwischen verschwunden ist, sieht es anscheinend ganz ähnlich und zieht, immer noch leicht irritiert, von dannen.

Wir drei entscheiden vorsichtshalber, den Rest unseres Eises anderen Ortes fertig zu essen, und räumen ebenfalls das Feld. Wer weiß denn, ob der Affe nicht gleich zurückkommt und nach der Hauptspeise noch Lust verspürt, ein kleines Eis als Nachtisch zu schnabulieren …?

Wir laufen noch ein bisschen auf dem Gelände herum und gehen zur verabredeten Zeit an den vereinbarten Treffpunkt. Oh, jetzt wird es aber spannend!

„Hast du das gewusst, Paps?“

„Was denn, Felix?“

„Na, dass wir mit diesen riesigen, offenen Geländewagen fahren. Oder sind das Lkws, in denen der Hauptteil unserer Truppe schon Platz genommen hat?“

„Ja, ich hatte vorhin im Bus mitbekommen, dass Robert kurzfristig etwas in der Richtung geplant hat, aber dass das so große Geländefahrzeuge sind, wusste ich auch nicht. Manchmal scheint es, als könnte er zaubern.“

Wir alle passen spielend auf die zwei, ich nenne sie mal, Gelände-Lkw-Cabrios, und es hätten sogar noch zusätzlich Leute Platz.

So, jetzt geht es richtig auf Safari und ab in die „wilde“ Wildnis. Wir sind eben erst losgefahren, und schon biegt unser erfahrener Ranger am Lenkrad von der asphaltierten Straße ab. Also ich gehe jetzt einfach mal davon aus, dass er erfahren ist, sonst würde er ja wohl kaum mit uns

in die Wildnis fahren? Das dürfte er doch sonst gar nicht, oder???

Wir fahren über staubige Pisten, und was wir nun zu sehen bekommen, ist einfach nur schön und sehr beeindruckend. Es ist das Afrika, wie ich es mir in meinen Träumen vorgestellt habe. Die staubigen, weiten Flächen mit den vielen verschiedenen wilden Tieren und schönen Bäumen – wie in einem Dokumentarfilm.

Einmal begegnet uns eine Elefantenherde. Zwischen den Riesen tapsen noch recht unbeholfen, im Schatten ihrer Eltern, kleine Elefantenbabys umher. Dann kreuzen Zebras unseren Weg.

Den Anblick der Nashörner, die ein ganzes Stück neben unseren Fahrzeugen in hohem Tempo mitlaufen, werde ich bestimmt mein Leben lang nicht vergessen. Diese schnaufenden, von Masse und Kraft strotzenden Kolosse sind so beeindruckend, dass mir trotz der Hitze ein kalter Schauer über meinen Rücken läuft und ich tatsächlich eine Gänsehaut bekomme.

Immer wieder sehen wir verschiedene Gesteinsansammlungen. Oftmals sind es Findlinge von gigantischer Größe.

An einer Wasserstelle können wir beobachten, wie ein paar Impalas, die zur Familie der Antilopen gehören, am Trinken sind. Sie befinden sich dort aber in höchster Gefahr, denn nicht weit von der Wasserstelle entfernt liegen schon zwei Löwen auf der Lauer und beobachten ganz genau, was geschieht.

Ich bin ja dafür, dass wir endlich weiterfahren, um nicht mit ansehen zu müssen, wie die Löwen vielleicht nicht doch noch eines der schönen Impalas auffressen. Der Ranger scheint glücklicherweise auch so zu denken, und so wird mir mein Wunsch prompt erfüllt.

Wir bekommen auf der Rückfahrt noch einiges zu sehen, unter anderem eine bildschöne Giraffe, die von einem Baum Blätter zupft. Ich bin einfach überwältigt von der Schönheit der Natur, die Südafrika zu bieten hat.

Kurz vor dem ursprünglichen Ausgangspunkt unserer kleinen Safari bremst der Ranger plötzlich stark ab, und wir kommen abrupt zum Stehen.

„Was ist denn jetzt los, Paps?"

„Das weiß ich auch nicht, ich kann nichts sehen!"

Der Ranger steigt aus und beugt sich vor dem Fahrzeug nach unten. Was macht er denn da auf dem Boden?

Während er gleich wieder nach oben kommt, wird der Blick auf die linke Hand des Rangers frei, und wir erkennen den Grund unserer Vollbremsung: ein niedliches grünes Chamäleon! Vorsichtig und ganz behutsam trägt er es auf seinem Handrücken in unsere Nähe, damit wir es besser betrachten können, und setzt es anschließend am Rand des Weges ins Steppengras.

Wir sind schon am Losfahren, da sehe ich das Chamäleon mit langsamen und ganz behäbigen Schritten, ja fast schon in Zeitlupentempo, weiterwatscheln. Es wirkt dabei irgendwie zerbrechlich, und ich habe direkt das Gefühl, man müsste es, wie der Ranger das eben auch getan hat, vor weiteren Gefahren beschützen.

„Felix, du siehst aber nachdenklich aus!“

„Paps, ich hoffe, dass es uns Menschen gelingt, die vielen verschiedenen Tiere und die Natur auf der Welt zu bewahren und am Leben zu erhalten.“

„Das hoffe ich auch, Felix, das kann aber nur funktionieren, wenn jeder seinen Teil dazu beiträgt. Wir können uns zu Hause ja mal zusammensetzen und gemeinsam überlegen, was wir in unserem ganz normalen Alltag machen können, um die Umwelt zu entlasten und so auch die Natur ein Stück weit mehr zu schützen.“

11. GEDANKEN VOR DEM EINSCHLAFEN

Eine Stunde später sitzen wir wieder alle in unserem normalen Bus. Nach dem Verlassen des Parks fährt die Polizeieskorte wieder mit gewohnt schnellem Tempo voraus, so dass wir unser Übernachtungsdomizil, eine großzügige Bungalowanlage vor allem für sportliche Reisegruppen, kurz vor Einbruch der Dunkelheit erreichen.

Hier gibt es ein großes Schwimmbad im Freien, einen Fitnessraum und noch ein paar andere Sportangebote, vor allem aber hat die Anlage gleich zwei Fußballfelder. Die Ingwenyama Lodge hier in White River soll, wenn ich das richtig mitbekommen habe, in der Zeit der Fußball-WM auch für eine Nationalmannschaft als Quartier dienen. Welche Mannschaft das dann sein wird, ist aber noch ungewiss.

Ich finde das auf jeden Fall super, dass während der Weltmeisterschaft möglicherweise ein sogar ganz bekannter Spieler im selben Bett schlafen wird, in dem ich heute übernachte.

Da kommt ja Robert.

„Na, Felix, wie gefällt dir bis jetzt die Reise?"

„Supergut, und ich freue mich schon total auf die nächsten Tage!"

„Das ist schön, Felix, und ich kann mir auch gut vorstellen, dass noch einiges von dem, was wir rund um Kapstadt geplant haben, ziemlich spannend und lehrreich für dich sein wird. Auch für mich, obwohl ich schon sehr oft in Südafrika war, ja sogar teilweise hier gelebt habe, ist es immer wieder aufs Neue faszinierend, was wir alles mit anderen gemeinsam in diesem Land erleben und vor allem auch fürs Leben dazulernen. Besonders toll ist es dann, wenn wir mit unseren südafrikanischen Freunden schöne Aktionen gemeinsam mit und für Kinder und Jugendliche hier machen können, so wie z. B. in Kwa Mahlanga oder später in Kapstadt in Khayelitsha und Mfuleni. So, jetzt muss ich aber, wie so oft, weiter und noch ein paar Telefonate erledigen. Bis später!"

Drei Stunden später: Ich habe schon wieder viel zu viel zum Abendbrot gegessen, und mein Magen rebelliert nun wieder. Außerdem bin ich auch unheimlich müde und sehne mich nach meinem Bett. Mein Vater erlaubt mir, weil die Anlage hier sehr übersichtlich ist, alleine zum Bungalow vorzugehen.

Als ich durch die warme, sternenklare Nacht laufe, treffe ich einen Spieler von uns, der sich wohl die Beine vertritt. Seinen Namen vergesse ich immer, aber er war mir beim ersten Training mit den afrikanischen Kindern schon aufgefallen. Irgendwie hatte ich bei ihm das Gefühl, er hätte bei den Kindern richtig Berührungsängste gehabt.

„Hi, Felix, gehst du ins Bett?" Meinen Namen hat er sich anscheinend gemerkt.

„Ja, ich bin hundemüde und will morgen wieder richtig fit sein."

„Dann will ich dich mal nicht aufhalten und wünsche dir eine gute Nacht. Träum was Schönes!"

„Dankeschön, ebenso."

Nett ist er auf jeden Fall und hat anscheinend auch nichts gegen Kinder. Dann habe ich mir das mit den Berührungsängsten vielleicht ja auch nur eingebildet?

Wow, ist das Bett bequem! Im Bett liegend und schon halb schlafend, flimmern mir immer wieder Erinnerungen und Bilder der letzten Tage durch den Kopf: der Flug und der erste Blick auf Johannesburg, die wilden Busfahrten mit der Polizeieskorte, die vielen Kinder in ihrer einfachen Kleidung, die so voller Freude und Leidenschaft Fußball spielen, die singenden und tanzenden südafrikanischen Jugendlichen vor den Umkleidekabinen, das schnaufende Nashorn mit all seiner Kraft, das neben unserem Fahrzeug hergaloppierte.

An eine Person muss ich aber am häufigsten denken, obwohl ich gar nicht so richtig weiß, warum eigentlich: Ob Lubaya jetzt auch schon schlafen geht?

12. ZUM ERSTEN MAL EIN TOWNSHIP GESEHEN

Heute Morgen hat sich mein Magen immer noch nicht so hundert Prozent gut angefühlt. Aber du hättest das leckere Frühstücksbüffet sehen müssen, da musste ich einfach wieder zuschlagen. Inzwischen sind wir in Richtung Johannesburg zum Flughafen unterwegs und müssten auch schon bald ankommen. Zwei Spieler auf den Plätzen vor mir und meinem Vater, der neben mir schläft, unterhalten sich über den gestrigen Abend. Nachdem ich gleich im Anschluss ans Essen ins Bett gegangen war, waren gestern wohl noch ein paar junge Leute da, die von ihrer Arbeit bei deutschen Entwicklungshilfe-Organisationen, z. B. DED[26], GTZ[27] und Inwent, in Südafrika berichteten.

Die jungen Leute kamen auch aus Deutschland und waren nicht viel älter als die meisten Spieler, die in der U19 kicken. Ja, und gerade das hat die beiden vor uns ziemlich beeindruckt. Dass jemand, der nicht viel älter ist als sie selbst, in ein fernes Land reist, um dort an Projekten mitzuarbeiten, dabei den Menschen vor Ort zu helfen und eigene Erfahrungen zu sammeln. Vielleicht mache ich so etwas ja auch einmal?

Am Flughafen angekommen, fliegen wir wieder mit einer Maschine der South African Airways, und zwar in Richtung … – genau, Kapstadt!

„Paps, ist alles O.K. mit dir?"

„Ja, es war ja wieder eine sanfte Landung, und so langsam gewöhne ich mich auch ans Fliegen. Wie mit vielen Dingen im Leben, vor denen man ursprünglich Angst hat, ist das wohl auch mit der Flugangst so, dass sie allein dadurch, dass man sich ihr stellt, immer weniger wird."

„Das heißt also, wir fliegen jetzt öfter in den Urlaub?"

„Klar, Felix, wenn mein nächstes Buch, an dem ich gerade schreibe, ein Bestseller wird und du dein Taschengeld opferst, dann können wir darüber reden."

Der Flug von Johannesburg nach Kapstadt dauerte noch nicht einmal zwei Stunden. Im Landeanflug sehe ich tolle Berge, direkt daneben das Meer und die Stadt. Kapstadt ist scheinbar auch eine riesige Stadt, mit allem, was dazu gehört. Es gibt auch viele Wolkenkratzer und einen großen Hafen.

„Onkel Güni, hier gibt es aber eine gute Infrastruktur, gell?"

„Ja, Felix, hier direkt in Kapstadt gibt es eine recht gute Infrastruktur, anderenorts, am Stadtrand von Kapstadt, sieht es leider ganz anders aus. Aber das wirst du selbst sehen, wenn wir gleich an Khayelitsha vorbeifahren."

Kaum haben wir das Flugzeug verlassen, bekommen wir auch schon ruckzuck unser Gepäck. Aber das Tollste ist, dass vor dem Flughafen schon unser Bus auf uns wartet. Es geht doch!

Wir fahren los, aber diesmal ohne Polizeieskorte. Onkel Güni sitzt neben mir und hat mir liebenswerterweise den Fensterplatz überlassen.

„Was ist denn eigentlich Khayelitsha?", frage ich Onkel Güni. Von ihm erfahre ich, dass Khayelitsha ein Township und mit grob geschätzt einer Millionen Menschen, die darin leben, das drittgrößte Südafrikas ist. Township ist die Bezeichnung für die während der Apartheid in Südafrika eingerichteten Wohngegenden in der Nähe von Großstädten für die schwarze und farbige Bevölkerung.[28]

Mir geht die Zahl eine Million nicht aus dem Kopf. Es fällt mir schwer, mir vorzustellen, wie viele Menschen das sind. In meinem Wohnort leben ungefähr 8.500 Menschen, und ich habe mal in der Schule gelernt, dass in ganz Frankfurt ungefähr 660.000 Menschen leben, und das sind doch schon unglaublich viele!

Dann ist es so weit: Wir fahren auf dem Weg vom Flughafen in Richtung Stellenbosch an Khayelitsha vorbei, und ich sehe zum ersten Mal ein Township – und bin sprachlos.

Aber nicht nur mir geht es so, sondern im kompletten Bus wird es zunächst still. Robert hatte uns ja eigentlich darauf vorbereitet … Wir sehen Khayelitsha zunächst nur aus der Ferne, aber das ist vielleicht auch besser so. Ich hätte mir

nie vorstellen können, dass Menschen heutzutage in unserer Welt so leben müssen. Das Township begleitet uns noch eine halbe Ewigkeit, es will und will einfach nicht enden.

So weit man sehen kann, eine aus Holz- und Blechresten zusammengezimmerte Hütte an der anderen. Teilweise mache ich sogar meine Augen zu, nur, um mir das Elend nicht weiter ansehen zu müssen.

Doch dann denke ich, es ist bestimmt nicht gut, seine Augen vor dem Leid anderer Menschen zu verschließen. Vielleicht machen das schon viel zu viele Menschen auf der Welt? Also öffne ich meine Augen wieder.

In Stellenbosch werden wir bis zum Turnieranfang übernachten. Die Landschaft unterwegs ist wunderschön und Stellenbosch ebenso, aber ich muss ständig an Khayelitsha denken. Auf dem Weg hierher habe ich dann noch von Robert erfahren, dass der Name Khayelitsha aus der Sprache der Xhosa kommt und übersetzt „unser neues Haus“[29] bedeutet. Was für ein unpassender Name! Das, was wir heute von dem Township gesehen haben, hat in meinen Augen nichts mit dem Begriff „neues Haus“ zu tun. Wie schwer muss das für die armen Kinder sein, die dann unter solchen schlimmen Bedingungen aufwachsen.

Ich bin ganz durcheinander und weiß gar nicht so richtig, was ich jetzt denken soll. Mir wird aber schlagartig klar, dass es uns zu Hause in Deutschland unheimlich gut geht.

13. ÜBERRASCHENDES WIEDERSEHEN

In Stellenbosch erwartet uns diesmal kein tolles Hotel und auch keine großzügige Bungalow-Anlage, sondern eine Highschool mit Internat. Ehrlich, wir werden die nächsten Tage in einem Internat übernachten! Die Kinder, die sonst hier wohnen, haben Schulferien, und so können wir ihre

Zimmer nutzen. Es ist alles sehr einfach gehalten. Ich weiß nicht, ob du schon mal in einer Jugendherberge warst. So ähnlich sieht es hier nämlich aus.

Das Gebäude hat mehrere Stockwerke mit langen Gängen, die viele Türen haben, die zu kleinen Zweibettzimmern führen. Toiletten und Duschen sind auf dem Gang. Die Zimmer sind nur mit Vorhängeschlössern zu verschließen.

In den Zimmern gibt es zwar neben den zwei Betten und den zwei kleinen Tischen auch Schränke, aber diese können wir nicht benutzen, weil sie verschlossen sind. Die Kinder bewahren nämlich ihre persönlichen Sachen, die sie nicht mit in die Ferien genommen haben, darin auf.

Es gibt einen Essenssaal, der ein bisschen wie eine kleine Sporthalle aussieht, in die man ein paar Tische mit Stühlen gestellt hat. Wahrscheinlich war es wirklich mal eine Sporthalle.

Wenn ich ehrlich bin, vermisse ich beim Begutachten dieses Hauses schon die Annehmlichkeiten, die wir in den vergangenen Tagen hatten. Aber wie könnte sich jemand darüber nur im Geringsten beschweren, wenn er kurz zuvor gesehen hat, wie Menschen, von hier nur ein paar Kilometer weit entfernt, leben müssen? Wir sind wahrscheinlich einfach zu verwöhnt.

Um 18 Uhr treffen wir uns alle gemeinsam in der Turnhalle, Entschuldigung, ich meine natürlich, im Essenssaal, zum Abendbrot. Unsere Gruppe ist seit heute Nachmittag um weitere sechs Personen angewachsen, die direkt nach Kapstadt gereist waren und hier nun zu uns gestoßen sind, um uns für die Aufgaben hier zu verstärken: Dimi, Benni (zwei junge Schiedsrichter), Hubert und Silke aus Deutschland sowie Dave und Jan aus England.

Zwei etwas kompaktere Damen mit dunkler Hautfarbe, die anscheinend für die Küche zuständig sind, versorgen uns mittels Kelle und Zange mit Pommes und einem Paar, ich nenne sie mal, Wiener Würstchen pro Person. Also, mir schmeckt es. Als Nachtisch gibt es dann noch eine Portion leckeren Grießbrei.

Während des Essens sind alle ganz gespannt, und nach einem kurzen Hin und Her ist die Entscheidung getroffen, jetzt doch noch nach Kapstadt an die Waterfront zu fahren. Es ist aber geklärt, dass es heute nicht zu spät werden darf, denn morgen soll es wieder relativ früh mit unserem Tagesprogramm losgehen, obwohl morgen Sonntag ist.

Beim Hineinfahren nach Kapstadt bin ich froh, dass durch die Dunkelheit das Township kaum zu sehen ist. Kapstadt selbst ist hell erleuchtet, und auf den Straßen ist ähnlich viel Verkehr wie in Frankfurt.

Die Victoria & Alfred Waterfront ist schnell erreicht. Es wird ausgemacht, wann alle wieder am Bus sein sollen. Damit keiner verloren geht, ziehen wir in Vierergruppen los. Ich bin natürlich mit Paps unterwegs …

Wahnsinn! Das sieht hier aber toll aus! Alles ist, ja, man kann eigentlich sagen, taghell beleuchtet.

Eine schöne, alte Häuserfassade neben der andern. Überall gibt es Geschäfte mit einladenden Schaufenstern, die durch ihre starke Beleuchtung ihren Teil zu der Helligkeit beitragen. Es sind auch unzählige Bistros und verschiedene Lokale mit Gerichten aus aller Herren Länder zu entdecken. Einige

Straßenmusiker, Jongleure und andere Artisten mit unterschiedlichen Talenten und Kostümen bieten ihre Künste voller Enthusiasmus und Leidenschaft dar.

Zwei Schilder mit der Aufschrift „MALL“ entdecke ich, und wir gehen in eine mehrstöckige Einkaufsgalerie. Hier ist alles noch heller und irgendwie edler, als es ohnehin schon in den Geschäften war. Hier drinnen gibt es lauter Boutiquen mit oftmals sehr teuren Marken, die es auch bei uns zu Hause gibt. Die Waterfront, also das ganze eben beschriebene Gebiet, grenzt an Wasser und liegt im alten Hafen von Kapstadt. Deshalb heißt es ja auch so.

„Felix, bist du es?“

Ich drehe mich um, und Lubaya steht, mich anlächelnd, vor mir. Es ist genauso wie bei unserem ersten Treffen in Johannesburg am Flughafen. Aber diesmal überrascht es mich nicht, dass sie Deutsch spricht, und ich werde jetzt auch nicht wieder zu stottern anfangen.

„Hallo, jemand zu Hause? Bist du es, Felix?“

„Ääh, ähäm …“ Mist, fängt das schon wieder an.

„Ja, ich bin der Felix!“ Oh Gott, Felix, jetzt reiß dich mal am Riemen.

Nachdem es mir gelungen war, ins ein oder andere Fettnäpfchen zu treten, ist meine Nervosität verflogen, und ich schaffe es, mich ganz normal mit Lubaya zu unterhalten. Sie erzählt mir, dass sie mit ihrem Papa und der U19-Mannschaft der Moroka Swallows schon vor drei Tagen mit dem Bus nach Kapstadt zum Turnier gefahren war. Ihr Vater habe mit dem Verein organisiert, dass die Spieler die Möglichkeit und die Zeit haben, vor dem Turnier die Stadt und die Region hier kennenzulernen. Die meisten Spieler könnten nämlich nur mit dem Fußballverein mal woanders hinkommen, da fast alle von ihnen in Townships wohnen und ihre Familien einfach viel zu wenig Geld haben, um ernsthaft über eine Reise nachzudenken.

„Das verstehe ich nicht!“

„Was verstehst du nicht, Felix? Dass die Spieler nicht genügend Geld haben, um einfach mal zu verreisen? Das geht hier ganz vielen so.“

„Nein, das meine ich doch überhaupt nicht. Ich war mir nämlich eigentlich sicher, dich nochmals in Witbank gesehen zu haben, und jetzt erklärst du mir, dass du zu dem Zeitpunkt schon hier in Kapstadt gewesen bist.“

Nun erzähle ich Lubaya von den Vorkommnissen in der Freizeitanlage, woraufhin sie laut zu lachen anfängt.

„Was ist denn daran bitte schön so witzig?“

„Entschuldige, Felix, es ist nicht böse gemeint, aber jetzt wird mir einiges klar.“

„Was wird dir bitte schön klar?"

Anstatt mir eine gescheite Antwort zu geben, bekommt sich Lubaya überhaupt nicht mehr ein und lacht aus vollem Herzen. Zwischendrin versucht sie zwar immer wieder, mir zu signalisieren, dass sie nicht über mich lacht, aber ich kann sie kaum verstehen, weil ihr einfach vom vielen Lachen die Luft zum Sprechen fehlt. Langsam werde ich ungeduldig und auch ein bisschen sauer. Mädchen sind halt, ich will es mal nett ausdrücken, sehr merkwürdige Wesen.

„Gleich gehe ich!"

„Nein, bitte bleib, ich reiße mich jetzt zusammen."

So, das scheint ja zu wirken. Dann liegt ihr wohl etwas daran, dass ich bleibe. Schön! Lubaya hat zwar immer noch ein breites Grinsen im Gesicht stehen, aber kann jetzt wenigsten wieder so reden, dass man sie versteht.

Was soll ich dir sagen, sie will gerade anfangen, mir alles zu erklären, da kommt mein Vater auf uns zu, der bis eben noch mit Robert, Onkel Güni und ein paar anderen von unserer „Auf Ballhöhe"-Gruppe mit Lubayas Vater Paul und einigen südafrikanischen Spielern zusammengestanden hatte.

„Hallo, du musst Lubaya sein. Ich bin der Papa von Felix und muss ihn dir nun leider entführen, denn unser Bus wartet gleich auf uns."

Na klasse, aber da ist wohl nichts zu machen. Lubaya und ich verabschieden uns, und 20 Minuten später, wir hatten noch ein Stück zu laufen, sitzen alle von uns im Bus, und es geht zurück nach Stellenbosch.

14. TRAINING IN EINER SCHULE IN KHAYELITSHA

Eigentlich habe ich ganz prima geschlafen, obwohl mein Bett bloß ein besseres Gästebett ist. Jetzt schnell aufgestanden, ab unter die Dusche und dann mal sehen, was es zum Frühstück gibt.

Das Frühstück ist zwar sehr einfach gehalten, aber man wird satt, und jeder kann sich noch ein Lunchpaket für unterwegs mitnehmen. Danach geht es gleich los: Unser Ziel ist eine Schule, die sich direkt im Township Khayelitsha befindet.

Diego sitzt auf der Fahrt dorthin neben mir. Diego finde ich echt cool! Ja, eigentlich ist er schon fast so etwas wie ein Vorbild für mich. Er kann wirklich gut kicken und darf, wie er selber sagt, manchmal bereits „oben“ (also bei den Profis) mittrainieren und hat auch bereits einen Vorvertrag als Profi. Talent alleine reiche dafür nicht. Man müsse auch bereit sein, Disziplin zu lernen und hart an sich zu arbeiten, sagt er.

Er erzählt mir aber auch, dass er natürlich trotzdem seine Schule beenden und auch eine Lehre machen wird. Denn nur als Sportler gut zu sein, das würde ihm nicht reichen. Man wisse ja auch nie, was passiert, er könne sich ja schon beim nächsten Spiel eine schwere Verletzung zuziehen und im schlimmsten Fall dann nicht mehr Fußball spielen können. Was dann?

Kurz bevor wir in Khayelitsha ankommen, fragt Diego mich: „Felix, es ist schon schlimm, wie hier manche Menschen leben müssen, gell?“

Daraufhin erzähle ich ihm viel von dem, was mir alles durch den Kopf gegangen ist, seitdem wir gestern an Khayelitsha vorbeigefahren sind. Ich sage ihm auch, dass ich sehr aufgeregt bin wegen unseres heutigen Besuches dort.

Er hört sich alles an, dann meint er: „Weißt du, Felix, mir geht es damit ganz genauso wie dir. Mich hat das gestern auch sehr betroffen gemacht, denn ich hätte nicht gedacht, dass es so viele Menschen hier in Südafrika gibt, die unter solchen schlimmen Bedingungen leben müssen. Mir haben gestern auch einige andere Spieler von uns erzählt, dass es ihnen ganz ähnlich geht. Daraufhin haben wir uns Folgendes vorgenommen: Wir wollen uns die aller-, allergrößte Mühe geben, den Kindern, denen wir in den nächsten Tagen in den Schulen und anderen Einrichtungen noch begegnen, einen tollen Tag zu bescheren. Auch wenn wir dadurch nicht gleich ihre Lebenssituation verbessern, hoffen wir, ihnen so wenigstens etwas Freude schenken zu können.“

Ich sag es ja, Diego ist ein echt cooler Typ und anscheinend einige andere Spieler auch.

An der „Einfahrt“ zum Township werden wir bereits vom Direktor der Schule, die wir heute besuchen, und von Michael Krause, einem Freund von Robert, der diese Schule im Rahmen eines Gewaltpräventionsprogramms betreut, erwartet. Sie fahren voraus, und wir folgen ihnen im Bus einige Minuten lang durch das Township hindurch, bis wir an der Schule ankommen. Auf dem Weg durch das Township sehen wir die Hütten, die wir gestern von der Autobahn aus erblickt haben, nun von nah. Aus der Nähe betrachtet sieht alles noch deutlich schlimmer aus, als wir uns vorgestellt haben.

Die Straßen sind zwar asphaltiert, aber Fußgängerwege wie bei uns zu Hause gibt es keine. Nach dem Bordstein fängt direkt der Sandboden an, auf dem die zum Teil ziemlich wackeligen Hütten und kleinen, einfachen Häuser stehen. Zwischendrin stehen Dutzende von Strommasten, wovon viele, viele Kabel in sämtliche Richtungen abgehen. Manche haben aber, obwohl drum herum alles sehr verwahrlost aussieht, um ihr kleines Grundstück einen Zaun gebaut und einen einfachen, aber schönen, kleinen Garten angelegt.

Es gibt überall auch kleine, ganz einfache Geschäfte: Friseure, Obst- und Gemüsestände. An der ein oder anderen Ecke verkaufen sie sogar Fertigbauteile für Hütten. Von den großen Mobilfunkgesellschaften stehen dort einige Telefoncontainer, und es gibt auch „Grillstationen“. Das sind dann meist alte Tonnen, der Länge nach durchgeschnitten, mit vier rostigen Beinen und glühender Kohle darin. Auf völlig verrußten Rosten liegt dann das Fleisch. Es sieht für mich nicht gerade sehr appetitlich aus. Die Menschen machen aber alle einen zufriedenen Eindruck.

Als wir an der Schule ankommen, bin ich überrascht, dass das komplette Schulgelände mit einem Zaun und zusätzlich noch mit Stacheldraht abgesichert ist. Es ähnelt ein bisschen einer Militäranlage. Das Tor wird uns von einem sehr freundlich lächelnden Mann geöffnet, und der Bus fährt auf einen Parkplatz direkt vor dem Eingang der Schule.

Wir werden herzlich von einer Kinderschar empfangen und vom Direktor der Schule auf den Schulhof geführt, der ein Innenhof ist und einen gegossenen Betonboden hat. Zweistöckige Teile des Schulgebäudes umrahmen den Innenhof im gleichen tristen, grauen Ton, den auch der Boden hat. Es wirkt hier schon ziemlich kalt und nicht gerade einladend.

An Ort und Stelle wird kurz geklärt, wie viele Kinder nun tatsächlich da sind, wie viele eventuell noch kommen und wie das geplante Training daraufhin angepasst werden soll. Doch bevor es richtig losgehen kann, müssen erst einmal die Fußballtore auf dem Sportplatz repariert werden. Unglücklicherweise gibt es hier an der Schule aber kein wirklich brauchbares Werkzeug. Roman, der handwerklich sehr geschickt ist, hat als Handwerker und Kenner der Region zum Glück immer eine kleine Grundausrüstung dabei. Aber ein eigentlich viel größeres Problem ist – zumindest für uns, denn die Kinder kennen es hier scheinbar nicht anders –, dass der komplette, sogenannte „Sportplatz" eher ein halber Schutt- und Müllplatz ist. Überall liegen Zementbrocken, große Steine und Ziegel, Scherben, ja sogar Bretter, teilweise mit herausstehenden Nägeln, herum. Also alle Mann in die Hände gespuckt und schnell gemeinsam den Platz aufgeräumt!

Es trudeln immer mehr Kinder ein, und alle fassen sofort mit an. So dauert die Aufräumaktion auch keine Ewigkeit, und wir können bald einigermaßen sicher sein, dass sich keiner beim Training verletzen wird. Im Nu sind die einzelnen Stationen abgesteckt, die Kinder, die größtenteils in ihrer normalen Straßenkleidung gekommen sind, in Gruppen aufgeteilt, und schon geht es los.

Du müsstest das mit eigenen Augen sehen, was hier nun abgeht. Die Kids sind mit Leib und Seele bei der Sache und haben einen Heidenspaß. Auch hier kommen immer mehr Kinder aus den umliegenden Hütten dazu.

„Paps, was schreibst du denn da, sind das schon Notizen für dein neues Buch über Südafrika?"

„Ja, willst du lesen, was ich geschrieben habe?"

„Gerne."

„Hier, bitte."

Die Kinder, denen man wirklich ansieht, dass sie kein leichtes, sondern ein sehr hartes Leben haben.

Die Kinder, die hier nur mit alten und teilweise zerschlissenen Kleidungsstücken erschienen sind und deren Gesichter meistens älter aussehen, als sie in Wirklichkeit sind.

Die Kinder, von denen einige Spuren vom Leben in einem Township, in Form von Narben, auf ihrem Körper tragen. Von den tiefen Narben auf ihren Seelen gar nicht zu sprechen.

Diese ganzen Kinder merken, dass sie heute Spaß haben dürfen und einfach mal Kind sein können, und sie genießen es wahrlich in vollen Zügen.

Es ist ein besonderes Erlebnis, zu sehen, wie diese Kinder sich freuen können, ja, was für eine Lebensfreude sie ausstrahlen, nur weil man ihnen ein klein wenig Beachtung schenkt und man sich einen Moment lang ihrer annimmt.

„Danke, Paps! Ich bin schon gespannt auf das Buch. Komme ich darin auch vor?“

„Was, du …? Na ja, vielleicht schreibe ich für dich eine klitzekleine Nebenrolle in die Geschichte hinein. Lass dich doch einfach mal überraschen.“

Inzwischen sind alle Kinder, die heute wohl kommen werden, eingetroffen. Viel mehr dürften es aber auch nicht sein, denn jetzt schon ist fast der komplette Außenbereich der Schule in das Geschehen mit einbezogen.

Dass sie heute am Sonntag so zahlreich erschienen sind, ist schon erstaunlich, wenn man bedenkt, was mir Robert erzählt hat. Nämlich, dass hier ein Schulweg von über sechs Kilometern, den die Kinder zu Fuß zurücklegen müssen, keine Seltenheit sei. Ich werde mich nie wieder beschweren, wenn bei uns zu Hause in Zukunft der Schulbus mal wieder zu spät kommt.

Puh, es wird immer heißer und direkt in der Sonne schaffen einen die Temperaturen schon arg.

Ich spreche jetzt aber nur für uns Europäer, die Kids von hier scheinen sich an der Hitze nicht zu stören.

Wir zumindest machen abwechselnd Pausen und gehen dazu in den Schatten. Dort treffe ich Onkel Güni, der mit einer Wasserflasche in der Hand auf dem Boden sitzt.

„Na, Felix, willst du dich auch ein wenig abkühlen? Am besten trinkst du gleich etwas. Viel trinken ist bei der Hitze ganz wichtig."

Mit diesen Worten hält er mir die Flasche hin.

„Vielen Dank, einen Schluck Wasser kann ich jetzt gut gebrauchen."

Ich setze mich zu ihm und sehe mich um. Ach, das ist doch …

„So kann man sich täuschen!"

„Worin hast du dich denn getäuscht?"

„Ach, in einem unserer Spieler, der sich gerade ganz alleine so nett um den gehbehinderten Jungen da drüben kümmert."

„Was ist denn mit ihm, der macht das doch total lieb?"

„Ja, das meine ich ja gerade. Die ersten Tage hier in Südafrika hat er immer einen richtigen Bogen um die afrikanischen Kinder gemacht. Dadurch hatte ich den Eindruck, dass er keine Kinder mag. Aber da habe ich mich wohl komplett getäuscht."

„Nein Felix, du hast dich nicht getäuscht, es war wirklich so. Sein Verhalten war mir auch aufgefallen, so dass ich ihn darauf ansprach. Er konnte sich das selbst nicht so richtig erklären, aber er sagte mir, dass er richtig Angst habe, den Kindern hier in Afrika zu nahe zu kommen oder sie gar zu berühren. Er war darüber sehr unglücklich und wusste sich aber auch nicht richtig zu helfen.

Daraufhin habe ich ihm geraten, sich ruhig Zeit zu nehmen und erst mal nur zuzusehen, wenn die anderen mit den Kindern zusammen sind. Ich habe ihm dann noch Hoffnung gemacht, dass sich ja bei ihm vielleicht etwas ändert, wenn er die Kinder erlebt, wie sie bei unseren Trainings und anderen Aktionen sind.

Ja, und was soll ich dazu noch viel erzählen? Wie du selber sehen kannst, Felix, ist er inzwischen einer von denen, die mit den Kindern am liebevollsten umgehen und sich die größte Mühe geben."

In dem Moment kommt der Spieler mit dem kleinen Jungen im Huckepack an uns vorbeigelaufen. Der kleine umklammert ihn und hält sich mit seinen nackten Ärmchen und Beinchen ganz fest. Seinen Kopf hat er auf der Schulter von dem Spieler abgelegt. Also von Berührungsangst kann man da wohl wirklich nicht mehr reden!

Onkel Güni fragt: „Ist etwas passiert?“

„Nein, nein, ich bringe nur Sipho (so heißt der Junge) schon mal ins Schulgebäude, es gibt ja eh gleich Mittagessen, nicht wahr?“

Dann fügt er noch mit viel leiserer Stimme hinzu: „Der Kleine hat eine Gehbehinderung, und ich habe das Gefühl, dass es langsam zu viel für ihn wird und er Schmerzen hat, obwohl ihm das Kicken großen Spaß macht. Ich bin mir nicht ganz sicher, aber ich glaube, er hatte eben auch ein paar kleine Tränchen in den Augen, die er aber schnell weggewischt hat. Vielleicht ist es ihm ja zu peinlich, mir zu sagen, dass er nicht mehr weitermachen kann, so dass er lieber die Zähne zusammenbeißt und versucht, sich nichts anmerken zu lassen. Deswegen habe ich ihm einfach gesagt, dass ich vom Training schon etwas müde bin, und gefragt, ob er mich nicht schon ins Gebäude Richtung Mittagessen begleiten will. So steht er dann gleich am Anfang der Schlange. Von dieser Idee konnte ich ihn sofort überzeugen.“

Nachdem die zwei gegangen sind – eigentlich müsste ich sagen: nachdem der Spieler gegangen ist (der kleine Junge saß ja auf seinem Rücken) –, meint Onkel Güni: „Ist das nicht toll, wie die beiden füreinander da waren?“

„Onkel Güni, wie meinst du das denn? Der Spieler hat doch dem Jungen geholfen, und der Junge hat gar nichts für ihn gemacht.“

„Felix, da kannst du ja vielleicht noch einmal drüber nachdenken. Ich bin mir jedenfalls ganz sicher, dass jeder, der etwas zu geben bereit ist, auch auf irgendeine Weise etwas zurückerhält.

Der kleine Junge eben hat zum Beispiel unheimlich viel Dankbarkeit zu verschenken gehabt, und hast du gesehen, wie viel Vertrauen er zu geben bereit war? Aber das Aller-, Allertollste, was jeder Einzelne heute hier auf dem Platz geschenkt bekommen kann und dann auch sein Leben lang behalten darf, ist das unvergleichliche Gefühl, das man hat, wenn man jemandem etwas Gutes tut."

„So habe ich darüber noch nie nachgedacht."

Nach unserem Gespräch wirken Onkel Güni und meine Wenigkeit wieder bei dem fußballerischen Treiben auf dem Platz mit. Doch dann gibt es im Gebäude in einer recht großen und relativ kühlen Halle Essen.

Also, auch wenn es bis jetzt vielleicht nicht den Anschein hatte, dass ich mich, wenn es ums Essen geht, zurückhalten könne, so kann ich es aber doch. Ganz ehrlich, eher gehe ich noch an den Bus und hole mein Lunchpaket und verteile es an jemanden, der noch Hunger hat, bevor ich mir hier etwas zu Essen nehme. Bei den meisten Kindern sieht man es nicht auf den ersten Blick, aber ein großer Teil könnte schon einige Kilo mehr auf den Rippen vertragen. Viele wussten anscheinend überhaupt nicht, dass sie heute auch etwas zu Essen bekommen. Ihre Freude darüber müsstest du sehen! Wow, haben die sich gefreut!

Obwohl es so aussieht, dass das Essen womöglich nicht für alle reicht (es sind einige Kinder mehr als erwartet gekommen), bleiben alle so, wie die Lehrer es ihnen gesagt haben, diszipliniert in Reih und Glied stehen. Erst wenn sie das Schächtelchen mit ihrem Mittagessen (oder vielleicht ist es ja schon ihr Abendessen?) haben, gehen die meisten damit schnell nach draußen. Es hat ein wenig den Anschein, dass sie Angst davor haben, jemand könne es ihnen wieder abnehmen. Passiert so etwas etwa in einem Township? Bekommt man dort sein Essen wieder abgenommen, wenn man eventuell nicht stark genug ist, um es zu verteidigen? Nein, so etwas kann doch heutzutage nicht mehr sein oder doch???

Zum Glück reicht das Essen, nachdem noch Nachschub organisiert worden ist, doch für alle. Da bin ich aber froh!

Als alle fertig gespeist haben, gibt es für die fußballbegeisterten Kids von der Schule – ich habe fast das Gefühl, das sind nahezu alle – eine tolle Überraschung. Robert, Hubert, Dave und einige andere von unserer Gruppe überreichen der Schulleitung und den Sportlehrern vier komplette Fußballtrikot-Sätze und einen Satz Trainingsanzüge der deutschen Frauen-Nationalmannschaft. Die Schule hat nämlich neben der Jungenmannschaft auch eine Mädchenmannschaft. Das ist aber nicht alles: drei große Netze, mit jeweils 1-A-Fußbällen, wechseln auch die Seiten.

Die Mädchen und Jungs streifen sich gleich die Trikots über, und als ob sie es einstudiert hätten, formieren sie sich in der Mitte der Halle und fangen an, gemeinsam zu singen und zu tanzen. Es dauert nicht lange, und andere Kinder, die ebenfalls hier sind, gesellen sich hinzu.

Der Gesang und das rhythmische In-die-Hände-Klatschen der singenden und tanzenden Kinder hallen von den Wänden und erfüllen die ganze Halle mit einem atemberaubenden akustischen Spektakel. Du kannst dir sicherlich denken, was ich gerade bekomme? Richtig, eine Gänsehaut!

Jetzt weiß ich auch, was es bedeutet, wenn man davon spricht, dass jemand den Rhythmus im Blut hat. Leider müssen wir auch schon bald aufbrechen. Ich bin ja eigentlich nicht so ein großer Freund davon, sich ständig um den Hals zu fallen und sich zu umarmen, aber hier gehört das jetzt einfach dazu. Bei jedem, der mich in den Arm nimmt und mich herzlich verabschiedet, denke ich daran, was

Onkel Güni mir vorhin erzählt hat. Dabei kann ich ganz deutlich fühlen, dass er recht hatte. Wir alle haben hier nicht nur etwas gegeben, sondern auch sehr viel bekommen.

Wir sind schon halb vom Hof gefahren, da läuft ein Mädchen vor den Bus und stoppt ihn. Ich höre Onkel Güni, der drei Reihen vor mir sitzt, sagen: „Da ist ja meine Tüte!"

Der Busfahrer öffnet die Tür. Das Mädchen ist total außer Atem. Es muss wohl sehr schnell gerannt sein, um uns noch zu erwischen. Onkel Güni steigt aus und bekommt seine Tüte überreicht. Er nimmt die Kleine in den Arm, bedankt sich bei ihr, bevor er wieder in den Bus einsteigt. Der Fahrer schließt die Tür und der Bus setzt sich wieder in Bewegung.

Ich blicke zurück: Viele Kinder winken uns, und einige laufen dem Bus so lange hinterher, bis sie das Tempo nicht mehr halten können.

15. DER GERUCH VON ...

Wir fahren nicht zurück nach Stellenbosch, das hätte mich auch gewundert. Auf dieser Reise gibt es einfach einen sehr vollen Stundenplan, um es mal in der Schulsprache auszudrücken. So sind wir nun unterwegs zu einem Kindergarten, der sich auch hier im Township befindet.

Der Bus bringt uns immer tiefer, Kilometer um Kilometer, nach Khayelitsha hinein. Eine Hütte schließt an die nächste an; an manchen Stellen ist noch nicht einmal ein Meter Platz dazwischen. In allen vier Himmelsrichtungen, so weit das Auge reicht, nichts als Hütten. Es sind nicht hunderte, die wir auf unserer kurzen Fahrt sehen, sondern tausende …

Wir halten vor dem Kindergarten. Wenn diese eingezäunte, besonders große, bunt angemalte Holzhütte mit der Rutsche und dem kleinen Klettergerüst davor bei uns in Deutschland stünde, würden die Nachbarn sie wahrscheinlich als unschön und störend empfinden. Hier, zwischen all den anderen Hütten, die meist grau oder naturfarben und oftmals rostbehaftet sind, wirkt dieser farbenfrohe, einfache Kindergarten wunderschön.

Mein Vater, der nach dem Aussteigen neben mir steht, formuliert es sogar so: „Dieser mit offensichtlich unheimlich viel gutem Willen und Liebe entstandene Kindergarten ist wie ein helles Licht, das mit seinem Strahlen das düstere Drumherum ein wenig heller erscheinen lässt."

Er ist halt ein Dichter und Denker, aber man kann sich sonst auch ganz normal mit ihm unterhalten, ehrlich. Nur mal unter uns gesagt, auch wenn ich das niemals so ausgedrückt hätte, wie mein Vater das eben getan hat: Es ist doch irgendwie etwas Wahres dran.

Bevor wir den Kindergarten besuchen, sollen wir uns erst noch ein paar Hütten weiter etwas ansehen: Es ist ein zweistöckiges Haus, vor dem wir nach drei bis vier Minuten Fußweg stehen. Die Bauweise des Hauses ist jedoch nicht mit der unserer Häuser in Deutschland vergleichbar. Es ist mit Wellblech verkleidet und ansonsten aus verschiedenen Materialien zusammengezimmert.

Nach einer kurzen, aber sehr netten Begrüßung durch eine Frau namens Vicky werden wir über eine – ehrlich gesagt – nicht sehr vertrauenerweckende Treppe in den oberen Stock geführt. Die Treppe mündet direkt in einen Raum, in den wir alle nur ganz knapp hineinpassen. Wir erfahren dort, dass wir uns im einzigen Hotel in Khayelitsha und in einem der kleinsten Hotels der Welt befinden. Es hängt sogar ein Zeitungsartikel an der Wand, der die Aussage der Dame vor uns nochmals belegt. Aber das ist eigentlich nicht nötig, denn viel kleiner geht es wirklich nicht! Es gibt nur drei Zimmer zum Vermieten, die mit viel Liebe eingerichtet und, dem Hotel angepasst, winzig klein sind. Sie sind nicht viel größer als das Bett, das jeweils darin steht.

Das Hotel hat auf zwei Seiten des Hauses je einen Balkon. Vorsichtig betrete ich erst den einen (er wird doch wohl halten?), und kurz darauf stehe ich auch noch auf dem anderen. Es ist einfach unvorstellbar, der Ausblick ist in beide Richtungen von ein und demselben Bild geprägt, so weit man sehen kann: Armut, Armut und nochmals Armut.

Dieses Hotel mit seinem zusätzlichen Stockwerk ist der höchste Aussichtspunkt, ansonsten sieht man bis auf ganz wenige Ausnahmen nur Wellblechhütten. Obwohl manche Behausungen die Bezeichnung „Hütte“ eigentlich nicht einmal verdienen. Die Arminia-Jungs, die inzwischen links und rechts neben mir stehen, sehen ziemlich betroffen aus. Aber wen wundert das, bei diesem Anblick?

Die Dame, die uns eben begrüßt hat und einfach nur Vicky genannt werden will, bittet uns nun, mit ihr zusammen zurück zum Kindergarten zu gehen.

Onkel Güni, der nach wie vor immer bemüht ist, meinem Vater und mir alles zu übersetzen oder zumindest im Nachhinein zu erzählen, läuft neben uns her. So erfahren wir, dass Vicky den Kindergarten gegründet hat und schon seit Jahren von Robert und dem Projekt „Auf Ballhöhe" in ihrer Arbeit unterstützt wird. Um noch mehr für die Familien und Kinder aus der Nachtbarschaft machen zu können, hat sie erst vor wenigen Jahren das Hotel eröffnet und versucht damit, ein bisschen Geld zu verdienen.

Da sind wir ja schon!

Der Kindergarten hat ungefähr die Größe von drei Hütten, die man aneinandergebaut hat. Ich kenne mich mit Quadratmetern noch nicht so gut aus, aber wenn ich mich richtig erinnere, hatte Robert erzählt, dass eine Hütte ca. 8 bis 15 Quadratmeter groß ist. Also muss ich jetzt nur die Größe einer Hütte mal drei rechnen und – schwuppdiwupp – weiß ich, wie groß die Räume des Kindergartens sind.

Wenn ich es mir so recht überlege, weiß ich eigentlich gar nicht, wie viel Quadratmeter mein Zimmer zu Hause in Deutschland hat. Weißt du, wie groß deines ist?

Irgendjemand hat vorhin auch erzählt, dass hier in Khayelitsha in einer Hütte zwischen fünf und acht Personen leben. Das muss ich mal, wenn ich wieder in Deutschland bin, meinem Freund Markus erzählen. Der meckert schon darüber, dass er sich mit seiner drei Jahre jüngeren Schwester ein Spielzimmer teilen muss.

Der Kindergarten ist voller Kinder, obwohl Vicky, laut Onkel Güni, eben noch erzählt haben soll, dass um diese

Uhrzeit schon einige abgeholt worden und nicht mehr allzu viele da sind. Kaum vorstellbar, dass ansonsten noch mehr Kinder hier ihren Tag verbringen.

Sie sind teilweise noch sehr klein. In einem hinteren Raum befinden sich sogar Babys, die hier anscheinend mit zum Kindergartenalltag gehören.

Erst mal gucken uns die Kleinen ein wenig misstrauisch an. Eigentlich ist das aber auch kein Wunder. Wir sind immerhin Fremde für sie, und ich kann mir nicht vorstellen, dass die Kinder mitten in Khayelitsha oft auf Weiße treffen und dann bestimmt auch nicht gleich auf so eine große Gruppe. Vielleicht haben sogar einige der ganz Kleinen noch nie einen Menschen mit so heller Haut, wie wir sie haben, gesehen? Einige von uns sind nach wenigen Tagen in der Sonne sogar rosa …

Nach den ersten Berührungsängsten überwiegt nun aber die Neugier und Freude über die Abwechslung, die unser Besuch für die Kinder darstellt. Folker, Robert, Michael und Benni kennen die Betreuerinnen noch von den vorherigen Jahren und begrüßen sie herzlich. Aber gänzlich ist das Eis dann gebrochen, als wir die Kisten aus dem Bus holen, die den langen Weg aus Deutschland extra für diesen Kindergarten zurückgelegt haben. Kisten voller Kinderkleidung und Spielsachen. Alles Geschenke, die von den Eltern der Kinder des St.-Marien-Kindergartens in Seligenstadt gespendet wurden. Teils gebrauchte und teils auch neue Sachen, aber dieser Unterschied scheint hier von keiner Bedeutung zu sein. Die Freude über die Geschenke aus Deutschland ist bei den Kindern, den Betreuerinnen und Vicky einfach riesengroß.

Als dann auch noch einige Kisten mit Lebensmitteln und von Vicky bestellter Unterwäsche für die Kinder hereingetragen werden, ist das Glück perfekt. Robert spricht die Details nämlich immer lange vorher mit Vicky ab, damit auch die wirklich notwendigen Dinge mitgebracht werden. Wenn ich mich nicht täusche, hat Vicky sogar ein paar Tränchen in den Augen …

Dave, Silke, Hubert, Augustin und einige andere Erwachsene aus unserer Gruppe unterhalten sich nun sehr intensiv mit Vicky. Bestimmt geht es um Dinge, die noch dringend benötigt werden und vielleicht bis zur nächsten Projektreise organisiert werden können.

Ich habe das Gefühl, dass ich hier erst einmal nicht zwingend vonnöten bin, und ein bisschen frische Luft tut mir jetzt bestimmt ganz gut. Denn auch wenn die kleinen, schwarzen Babys unheimlich niedlich aussehen, sagt mir meine Nase, dass mindestens eines von ihnen einen Kontrollcheck auf einem Wickeltisch durchlaufen sollte. Wie auch immer, ich glaube, vorhin beim Ankommen einen Ball am Klettergerüst liegen gesehen zu haben. Es wird ja wohl keiner etwas dagegen haben, wenn ich mir ihn mal kurz zum Spielen ausleihe?!

Wusste ich es doch, da liegt er ja!

Außer mir scheint keiner so eine empfindliche Nase zu haben, ich bin hier draußen ganz allein.

Eins, zwei, drei … Mist! Also, dann halt noch einmal.

Einfach nur mal so für mich mit der Pille zu jonglieren, mache ich total gern. Damit kann ich mich stundenlang beschäftigen.

Eins, zwei, drei, vier, fünf, sechs, sieben …

Es geht doch, und jetzt noch einen gekonnten Volleyschuss. Wums!

Oh, das war dann wohl doch ein klein wenig zu fest!

Ach herrje, nicht nur, dass der Ball über den Zaun auf die Straße geflogen ist, die Straße scheint hier auch ziemlich abschüssig zu sein, und der Ball hört überhaupt nicht mehr auf, zu rollen. Wenn ich ihm nicht gleich hinterherspurte, ist er weg.

Ah, da rollt er ja! Oh nein, das hat mir jetzt gerade noch gefehlt! Ist das blöde Ding doch tatsächlich in eine Hütte hineingerollt!

„Hallo …?!“

„Hallo, ist jemand zu Hause?!“

Die Tür steht offen, aber es scheint niemand in der Hütte zu sein. Ich gehe noch ein bisschen näher und gucke einfach mal hinein. Ah, da hinten, unter dem Tisch, liegt der Ball ja.

Der Tisch sieht ziemlich ramponiert aus und passt somit sehr gut zu den anderen „Möbeln“. Eine aus dünnen Brettern gebaute Trennwand unterteilt die Hütte in zwei Räume.

Alle Wände sind fast komplett mit alten Zeitungen, die als Tapetenersatz dienen, beklebt. Ich kann durch einen türgroßen Durchgang, der sich in der Trennwand befindet, zwar

in den anderen Raum sehen, aber nichts erkennen, weil es dort zu dunkel ist. Eigentlich geht es mich ja auch nichts an, wie es hier aussieht. Ich hätte halt nur gerne den Ball wieder, und das möglichst schnell. Wenn die anderen merken, dass ich nicht mehr da bin, ist bestimmt der Teufel los, und mein Vater wird sich wahrscheinlich ziemlich Sorgen machen und auch sauer sein. Das kann ich ihm dann noch nicht einmal verdenken. Es ist schon mehr als nur unvernünftig von mir, alleine dem Ball nachzulaufen und mich so weit von der Gruppe zu entfernen. Aber wer hätte denn auch gedacht, dass die Pille so weit rollt und dann auch noch geradewegs in eine offene Tür hineinkullert?

Mir ist zwar schon bewusst, dass es sich eigentlich nicht gehört, ungefragt in ein fremdes Zuhause zu gehen, aber ich will ja nur schnell den Ball rausholen und sonst nichts anrühren.

Puh, was ist denn hier drinnen für ein extremer Gestank? Heute wird mein Riechkolben aber wirklich auf die Belastungsprobe gestellt. Woran erinnert mich dieser Geruch nur? Jetzt weiß ich es! Fast genauso schlimm roch es bei uns zu Hause im Keller, als ein Rohr undicht war und wir es erst Wochen später gemerkt haben. Da hatte die Feuchtigkeit in den Wänden schon einiges zum Muffeln gebracht. Ich glaube, man redet in dem Zusammenhang von Fäulnis oder so. Auf jeden Fall ist diese starke Feuchtigkeit nicht sehr gesund für Menschen, zumindest nicht, wenn man in diesem feuchten Umfeld wohnen muss.

Ich schnappe mir jetzt den Ball und ab durch die Mitte. Ah, hier unten an den Tischbeinen sieht man es ja auch, hier stand wohl schon mal Wasser in der Hütte. Dann ist das hier bestimmt auch so eine Stelle von Khayelitsha, die in der Regenzeit ein Stück weit unter Wasser steht. Michael Krause vom Projekt „Städtische Gewaltprävention in Südafrika“ hat nämlich vorhin erzählt, dass in der Regenzeit 30 – 40 % von Khayelitsha mit Hochwasser zu kämpfen hat. In dieser Zeit soll dann in vielen Hütten das Wasser mehrere Zentimeter hoch stehen, und das oftmals über Tage, wenn nicht sogar Wochen.

Wenn ich mir das vorstelle! Jetzt müssen die Menschen hier schon unter so schlimmen Bedingungen leben, und dann auch noch das.

Was ist denn jetzt los, hat etwa jemand das Licht ausgeschaltet? Es war doch gar keines an. Es ist plötzlich richtig dunkel geworden.

Ich drehe mich langsam um und sehe die Erklärung vor mir stehen. Ein wirklich groß gewachsener, farbiger Mann, der mit seiner Statur fast den ganzen Türrahmen verstellt, so dass kaum noch ein Lichtstrahl an ihm vorbeigelangt, schaut von oben auf mich herab. Daran ändert sich auch nicht viel, nachdem ich unter dem Tisch hervorgekrochen bin und nun aufrecht stehe. Den Ball halte ich dabei ganz fest in meinen Händen.

Ich muss meinen Kopf weit in den Nacken legen, um meinem Gegenüber ins Gesicht schauen zu können. Der Mann ist einfach riesig.

Du kannst dir gar nicht vorstellen, was für Gedanken mir jetzt durch den Kopf gehen. Der Riese und ich schauen uns in die Augen. Ich sehe, dass sein Blick auf den Ball wandert, und erkenne, dass er versteht, warum ich in seine Hütte eingedrungen bin. Er bemerkt auch, dass ich Angst habe. Daraufhin lächelt er mich an, tritt zur Seite und signalisiert mir, dass ich von ihm aus freies Spiel habe. Ich weiß nicht, ob ich jemals zuvor in meinem Leben schon mal so schnell gerannt bin, aber ich war im Nu wieder am Kindergarten.

Nass geschwitzt und völlig geschafft von meinem Spurt, setze ich mich auf das Klettergerüst, den Ball noch in meinen Händen haltend. In dem Moment kommt mein Vater, dicht gefolgt von Onkel Güni und Robert, aus dem Kindergarten. Mein Vater schaut mich prüfend an und fragt: „Felix, wie siehst du denn aus? Du bist ja klitschnass geschwitzt. Geht's dir nicht gut?"

„Doch, doch, bei mir ist alles in Ordnung, es ist nur ziemlich heiß hier draußen in der Sonne."

„Aha, ziemlich heiß also."

„Ja, und den Rest erzähle ich dir später. O.K.?"

Während ich das sage, sehe ich meinen Vater mit meinem Bitte-bitte-lass-es-uns-dabei-erst-einmal-bewenden-Blick an. Wenn ich diesen Blick einsetze, lässt mein Vater meistens Gnade vor Recht ergehen.

Er meinte einmal zu mir, wenn ich ihn so ansehe, könne er mir eigentlich gar keine Bitte abschlagen. Ich solle es aber auch nicht zu oft machen, sonst würde er sich wahrscheinlich an den Anblick gewöhnen, und er hätte keine Wirkung mehr auf ihn. Und das wolle ich ja sicherlich nicht. Daran habe ich mich dann auch stets gehalten, und ich verwende meinen Trumpf nur noch in höchst prekären Situationen. Es ist jetzt auch nicht so, dass ich meinem Vater nichts von der

Sache erzählen werde, aber ich möchte dabei dann doch lieber mit ihm allein sein und in aller Ruhe über alles reden.

Nach und nach kommen jetzt alle aus dem Kindergarten heraus und gehen zum Bus, der sich bald wieder in Bewegung setzt. Wir treten die Rückfahrt nach Stellenbosch an. Dabei fahren wir an der Hütte vorbei, in der der Ball lag. Vor ihr steht der Mann und sieht zu uns herüber.

Auf den schlechten und engen Straßen hier im Township kann man nur langsam fahren. Unsere Blicke treffen sich, und er erkennt mich. Er lächelt und winkt mir, er winkt so lange, bis er nur noch ganz klein in der Ferne zu sehen ist. Als er aufhört, kann ich gerade noch wahrnehmen, dass er wieder in seine Hütte geht.

Sofort denke ich an die alten, verlebten, aufgelösten Möbel und den schlimmen Fäulnisgeruch, der ihn in seinem Zuhause erwartet und den er, wie wahrscheinlich zigtausende andere hier in Khayelitsha, täglich ertragen muss.

16. Ein gutes Gespräch vorm Einschlafen

Auf der ganzen Rückfahrt nach Stellenbosch ist es auffallend still im Bus, und alle wirken sehr nachdenklich. Die meisten sind bestimmt in ihren Gedanken noch bei den vielen, vielen Eindrücken, die der heutige Tag wohl bei jedem Einzelnen von uns hinterlassen hat. Nach dem Abendessen sagt mir mein Vater, dass die meisten jetzt noch in die Stadt gehen werden. Er aber wird mit mir hier bleiben, weil er möchte, dass ich mal etwas früher ins Bett komme.

Wenn ich auch sonst immer gerne bis zum Schluss dabei bin, gibt es heute keinerlei Einwände von mir. Im Gegenteil, ich bin sogar froh, dass ich jetzt schon schlafen gehen darf, denn ich bin total erledigt und hundemüde.

Eine halbe Stunde später liegen wir im dunklen Zimmer im Bett. Nur das schwache Nachtlicht, das durch das geöffnete Fenster hineinscheint, spendet noch ein wenig Helligkeit. Zu dieser Jahreszeit sind die Nächte in dieser Region mit 12 °C zwar mild, aber bestimmt nicht zu heiß, um gut schlafen zu können. Trotzdem glüht mein Kopf. Nur hat das überhaupt nichts mit der Zimmertemperatur zu tun, sondern mit dem Umstand, dass ich meinem Vater ja noch etwas beichten muss. Es vergehen mindestens zehn Minuten nach dem Gute-Nacht-Sagen, und mein Vater bekommt schon dieses gleichmäßige, etwas lautere Atmen, dem meistens sehr zeitnahe sein Schnarchen folgt, als ich mit zaghafter Stimme frage: „Schläfst du schon, Paps?"

„Nein, ich warte ja noch auf eine Erklärung von dir."

„Wie bitte, was soll ich dir denn erklären?"

„Bitte, Felix, jetzt rede nicht lange um den heißen Brei herum, und erzähle mir, was heute Mittag mit dir los war."

Jetzt wird mir mein Vater aber unheimlich.

„O.K., Paps, es ist so gewesen …"

Noch bevor ich die ganze Geschichte fertig erzählt habe, steht mein Vater aus seinem Bett, das sich auf der anderen

Zimmerseite befindet, auf und kommt zu mir herüber. Er setzte sich, ohne etwas zu sagen, neben mich.

Ich habe meine Erzählung kurz unterbrochen, aber nun, als mein Vater sitzt, berichte ich weiter. Ich glaube, ich erzählte gerade, dass plötzlich vor mir ein riesiger Mann im Türrahmen stand.

Da sich meine Augen schon an die Dunkelheit gewöhnt haben, kann ich ohne Weiteres die Gesichtszüge meines Vaters erkennen. Es ist ein Ausdruck von Sorge und Angst in seinem Gesicht. So habe ich meinen Vater noch nicht oft gesehen.

Nachdem ich alles erzählt habe, sagt mein Vater erst einmal nichts. Es ist ganz still im Zimmer. Er sieht mich nur schweigend an. Das einzige Geräusch, das zu hören ist, ist das Geschnatter von den Ibissen (das sind Vögel mit einem ganz langen, gekrümmten Schnabel), die draußen meistens umherspazieren.

Es vergehen Minuten, die mir wie Stunden vorkommen, bis er sich zu mir ins Bett legt, mich in seinen Arm nimmt und zu sprechen anfängt: „Weißt du eigentlich, wie lieb ich dich habe?"

„Ja, Paps, das weiß ich."

„Wenn du das weißt, dann kannst du dir auch bestimmt vorstellen, wie schlimm es für mich wäre, wenn dir etwas zustoßen würde. Deshalb bitte ich dich von ganzem Herzen, pass in Zukunft besser auf dich auf, und sei bitte nie mehr so kopflos und unvernünftig, wie du es heute warst."

„Aber Paps, ich bin doch nur dem Ball nachgelaufen, weil ..."

„Felix, das habe ich sehr wohl verstanden, du hast es ja mehr als nur einmal erwähnt. Aber du bist mit deinen zehn Jahren alt genug, um zu begreifen, dass du, nur weil du einem Fußball hinterherjagst, nicht alles andere vergessen darfst. Und noch etwas: Wenn ihr beim nächsten Mal auf der Wiese vor unserem Haus kickt und der Ball auf der Straße landet, schaltest du zuerst deinen Kopf ein, beobachtest den Verkehr und läufst dann erst los! Stell dir mal vor, dich würde ein Auto anfahren. Selbst wenn du mit deinem Leben davonkämst, könntest du vielleicht wegen der Verletzungen nie wieder Fußball spielen. Dass du gesund bist, ist ein Geschenk, und auf Geschenke muss man besonders gut achten. Also denke immer daran, und pass in Zukunft besser auf dich auf!"

„Ja, Paps, das werde ich ganz bestimmt machen, Ehrenwort!"

„Na, jetzt, wo du mir dein Ehrenwort gegeben hast, kann ich ja beruhigt sein, mein Großer."

Manchmal weiß ich einfach nicht, ob mein Vater etwas ernst meint oder nicht.

„Paps, kann ich dich noch etwas fragen?"

„Oh, oh, wenn du schon so anfängst, bin ich aber sehr gespannt, was du von mir wissen möchtest. Na, dann lass mal hören, was dir auf dem Herzen liegt und worum es geht."

„Also, ich wollte fragen, ob die Südafrikaner krimineller sind als die Deutschen und ob ein Mensch schon so geboren wird, ich meine kriminell? Kann eigentlich jeder kriminell werden?"

„Na toll, als ob ich es geahnt hätte, dass du mir wieder mal eine deiner ganz besonderen ‚Felix-Fragen' stellst, bei denen ich immer zunächst einmal denke: Um Himmelswillen, wie soll ich dem Jungen das nur erklären? Aber wie ich es stets halte, werde ich es natürlich probieren, und ich hoffe, dass ich es einigermaßen hinbekomme. Lass mich nur ganz kurz nachdenken."

Wieder ist es ganz still im Zimmer.

Doch dann sagt mein Vater endlich: „Felix, keiner ist besser oder schlechter als ein anderer, egal ob er Südafrikaner, Franzose, Chinese, Deutscher, Araber, Amerikaner oder Iraker ist. Ich glaube nicht, dass einige Menschen mit mehr krimineller Energie auf die Welt kommen als andere, wo auch immer sie geboren werden. Erst die Lebensumstände, in die die Menschen hineingeboren werden, und ihre persönlichen Lebenserfahrungen prägen sie und machen sie zu dem, was sie sind. Und genau diese Lebensumstände sind leider nicht überall auf der Welt gleich gut. Und da sich bekanntlich keiner aussuchen kann, wo und als was er geboren wird, sollte sich auch keiner für etwas Besseres halten. Verstehst du, was ich dir damit sagen will?"

„Ich glaube schon."

„Na, so ganz überzeugt hört sich das ja noch nicht an. Dann will ich mal versuchen, das ein bisschen besser zu erklären: Weißt du noch, wie bei euch im letzten Schuljahr beim Sportunterricht ständig etwas aus der Umkleidekabine geklaut wurde, obwohl nur deine Klassenkameraden dort Zutritt hatten?"

Oh je, an diese traurige Geschichte wollte ich lieber gar nicht erinnert werden.

„Ja, Paps. Damals hat jeder jeden verdächtigt, bis sich am Ende herausstellte, dass ausgerechnet ein Junge aus besonders gutem Hause (wie man so sagt) der Übeltäter war."

„Genau, von ‚Beschaffungskriminalität' konnte in diesem Fall keine Rede sein, da die Eltern besagtem Jungen sowieso jeden Wunsch erfüllten."

„Ich erinnere mich noch, wie du mir damals erklärt hast, dass mein Klassenkamerad vielleicht einfach aus Langeweile oder, was mir noch schlimmer vorkam, deshalb klaute, um mehr Aufmerksamkeit von seinen Eltern, die soviel arbeiteten, dass sie nur ganz wenig Zeit für ihren Sohn hatten, zu bekommen. Also doch eine Form von ‚Beschaffungskriminalität'.

Apropos, Paps. Was war eigentlich in der Tüte, die Onkel Güni heute Morgen fast in der Schule vergessen hätte, wenn das Mädchen nicht hinter dem Bus hergerannt wäre?"

„Interessant, dass du gerade jetzt danach fragst. Soweit ich weiß, waren darin die Schiedsrichterpfeifen und -karten, die er als Geschenke dabei hat und auf die die Kinder so scharf sind."

„Ach so, deshalb waren einige im Team so überrascht."

„Ja, Felix. Von Vorurteilen ist wahrscheinlich keiner frei. Und es ist nur menschlich, dass jeder die Welt erstmal durch seine eigene ‚kulturelle Brille' sieht. Wichtig ist, dass man bereit ist, dazuzulernen, sich einzulassen und seine Vorurteile abzubauen. Ich bin sicher, die Jungs waren richtiggehend beschämt."

„Ich auch, um ehrlich zu sein."

„Siehst du. Deshalb ist unsere Projektreise nicht nur toll, weil wir Bälle, T-Shirts und andere Dinge zu verschenken haben, sondern weil wirklich jeder, der beteiligt ist, viele schöne und wichtige Erfahrungen machen kann."

Das kommt mir nun aber bekannt vor. So was ähnliches hatte doch auch Onkel Güni schon gesagt. Mir schwirrt der Kopf, meine Aufnahmefähigkeit für heute ist erschöpft, und ich bin richtig froh, als mein Vater sagt:

„So, Felix, es ist nun doch wieder später geworden als geplant. Was hältst du jetzt von einer Mütze voll Schlaf?"

17. DER KLEINE HUND UND EIN VOLLER TAG

Nach dem ausgiebigen Gespräch mit meinem Vater habe ich vorgestern Abend noch lange wach gelegen und mir Gedanken darüber gemacht, wie gut es mir doch geht. Dadurch wurde die Nacht aber recht kurz für mich, und ich bin gestern Morgen total müde in den Tag gestartet. Ich habe zwar wieder bei den Trainings mitgemacht, doch ist es mir sehr schwer gefallen, und ich habe öfter Pause machen müssen. Bei solch einer Pause habe ich einen kleinen Hund beobachtet. Es war so eine Promenadenmischung, wie sie hier manchmal auf den Straßen herrenlos herumstreunen. Der kleine Hund, vielleicht war es sogar noch ein Welpe, kam plötzlich auf das Gelände gelaufen. Darauf befand sich neben dem Fußballplatz, auf dem gerade Fußballtraining stattfand, auch ein großes, schulähnliches Gebäude. Uns wurde gesagt, dass es ein Sozialzentrum sei. Der kleine Vierbeiner lief geradewegs auf das Zentrum zu und setzte sich vor die Seitentür. Er saß dort einfach und starrte die Tür an. Ich dachte gerade bei mir: Komisch, was will der kleine Kerl denn da? In dem Moment öffnete sich die Tür, und eine Dame mit Kochschürze kam mit einer Schüssel in den Händen heraus. Es war eine große Schüssel, in die wahrscheinlich der ganze Hund, der ja nur eine halbe Portion war, hineingepasst hätte. Die Schüssel war gefüllt mit Essensresten. Der kleine Racker konnte kaum abwarten, bis die Schüssel auf dem Boden stand. Ja, und dann geschah etwas, was ich niemals für möglich gehalten hätte. Er schaffte es doch tatsächlich, die ganze Schüssel leerzufuttern, und das in einem Heidentempo. Unfassbar, das hättest du sehen müssen!

Es wird mir sicherlich noch lange in Erinnerung bleiben, wie der kleine Hund im Anschluss an seine Fressorgie versuchte, sich auf seinen vier Pfoten zu halten. Er hatte sich dermaßen überfressen, dass er sich kaum mehr auf den Beinen halten konnte. Mit einem Bauch, der einem Kugelfisch alle Ehre gemacht hätte, machte er im Zeitlupentempo immer wieder ein paar behäbige Schritte, verlor dann aber das Gleichgewicht und kippte einfach um. Dabei machte er einen sehr zufriedenen Eindruck und wirkte nicht etwa leidend oder so. Schließlich schaffte er es bis an einen schattigen Platz unter einem Baum, wo er prompt in ein Schläfchen fiel. Onkel Güni, der das wohl beobachtet hatte und meine fragenden Blicke sah, sprach mit der Dame mit Kochschürze und berichtete mir dann, dass der kleine Hund das immer so mache, weil er nie wisse, wann es mal wieder was zum Fressen gibt, und das könne manchmal auch einige Tage dauern …

Ich bin dann wieder zum Training gegangen, und als ich später nochmals nach dem kleinen Vierbeiner sehen wollte, war er nicht mehr da. Am Ende des Tages war ich einfach nur müde und geschafft. Dieses Mal habe ich sogar meinen Vater gefragt, ob ich nicht schon gleich nach dem Abendessen ins Bett gehen kann.

Heute Morgen stellte sich heraus, dass das eine gute Entscheidung war, denn ich fühlte mich endlich mal wieder richtig ausgeschlafen und startete topfit in den Tag. Das war auch gut so, denn auch wenn bis jetzt jeden Tag volles Programm war, so gilt das für den heutigen doch ganz besonders:

Um 6 Uhr aufstehen, duschen, Koffer packen, frühstücken. Um 8 Uhr fährt der bis dahin voll gepackte Bus mit uns los. Unser erstes Ziel heute Morgen ist ein SOS-Kinderdorf. Das Dorf ist eine große, eingezäunte Anlage mitten in einem Wohngebiet mit 15 Familienhäusern, in denen ungefähr 150 Kinder wohnen, und einem Kindergarten für 75 Kinder. Es sind alles Waisenkinder oder Kinder, die von ihren Familien getrennt wurden, weil sie dort schlecht behandelt worden sind. Teilweise werden auch behinderte Kinder in dem Dorf betreut und umsorgt. Für jeweils acht bis zwölf Kinder ist eine Kinderdorfmutter da. Die ganze Anlage ist sehr sauber und schön gestaltet. Es gibt viele Grünflächen und bunte Blumenbeete. Die Kinder haben zwischen den Häusern massig Platz zum Spielen, und in der Mitte der Anlage gibt es einen Fußballplatz. Folker, Hubert, Roman, Ricardo, Butze und ein paar andere Arminia-Jungs fangen sofort an, mit einigen Kindern, die dort mit einem Ball standen, zu kicken.

Da so eine große Anlage, wenn man sie für die Kinder so schön halten will, sowie die Ausbildung und die Verpflegung für alle viel Geld kosten, ist das Dorf auf jede Spende angewiesen. So ist die Freude bei dem Verwalter auch riesengroß, als Robert ihm im Namen von „Auf Ballhöhe“ auch dieses Jahr einen Scheck überreicht. Die Kinder freuen sich allerdings mehr über die Bälle und Trikots.

Leider müssen wir diesmal gleich weiter nach Belhar zu einer Sporthalle, wo wir heute unseren nächsten Termin haben: eine Begrüßungsfeier für die Gastmannschaften, die an dem Turnier um den „Metropolitan Premier Cup“ teilnehmen. Ich habe mich unheimlich auf die Feier gefreut, weil ich fest annehme, dort endlich wieder Lubaya zu treffen.

Unsere Mannschaft ist eine der ersten, die in der toll geschmückten, großen Halle Platz nimmt. Nach und nach kommen aber immer mehr Mannschaften dazu und setzen sich an die riesigen, runden Tische. Jeder einzelne ist bunt dekoriert, und in der Mitte thront ein kleiner Fußball. Es stimmt einfach alles, nur dass Lubaya noch nicht zu sehen ist, macht mich zunehmend nervöser.

Ich bekomme mit, dass einige Mannschaften, die eine längere Anreise haben, nicht pünktlich hier sein werden und vielleicht gar nicht mehr zu der Feierlichkeit kommen können. Dies kann aber nichts mit Lubayas Fernbleiben zu tun haben. Sie selber, ihr Vater und seine Mannschaft sind doch schon längst in Kapstadt.

Nach einer ganzen Weile erblicke ich endlich ihren Vater, Paul, wie er mit seinen Spielern in den Saal hineinkommt. Ich bin plötzlich ganz aufgeregt. Doch so lange ich auch zur Tür starre, keine Spur von Lubaya.

Ihr Vater winkt uns zu, begrüßt Robert herzlich und nimmt mit seinen Spielern an Tischen Platz, die sehr weit von uns entfernt stehen.

So gut die Atmosphäre, das leckere Essen und der tolle Sänger, der auf der Bühne wunderschön singt, dann auch sind, ich kann das Ganze nicht so richtig genießen, weil ich mir Gedanken mache, was wohl mit Lubaya ist. Eigentlich kenne ich sie noch gar nicht so lange, aber irgendwie mag ich sie schon sehr …

Nach der Veranstaltung sollen wir alle zusammenbleiben, damit bei den vielen Menschen keiner verloren geht. Ich wäre zwar gerne zu Lubayas Vater gelaufen, um ihn zu fragen, wo denn seine Tochter sei, doch bis wir endlich draußen auf dem Parkplatz sind, kann ich ihn nicht mehr sehen.

Wir fahren von dem Mannschaftsempfang aus auf den sogenannten „Signal Hill". Das ist schon ein Erlebnis der ganz besonderen Art. Der Bus muss sich Meter für Meter in sehr engen Serpentinen einen recht steilen Berg hochkämpfen. Teilweise sind die Straßen so schmal, dass sie nur einspurig zu befahren sind. In manchen Kurven können wir aus den Busfenstern direkt senkrecht in den Abgrund schauen und kaum noch die Straße unter uns sehen. Die Fahrt ist schon ziemlich spannend und aufregend.

Nachdem wir am höchsten Punkt angekommen sind, genießen wir einen Ausblick, der einfach nur schön ist. In die eine Richtung blickend sieht man auf Kapstadt und weit hinaus aufs Meer, wo man auch die frühere Gefängnisinsel Robben Island erkennen kann. In der anderen Richtung kann man den Tafelberg mit seiner einzigartigen Form bewundern. Also, wenn du mal in Kapstadt sein solltest, ein Besuch dort oben lohnt sich auf jeden Fall.

Ja, und nach diesem wieder einmal super ereignisreichen Tag auf unserer Reise durch Südafrika befinden wir uns nun auf der Anfahrt zu unserem Hotel. Ungefähr 30 Minuten nach unserer Abfahrt vom „Signal Hill" kommen wir in der Dämmerung dort an. Das Hotel ist die Unterkunft für alle angereisten Mannschaften, die am Turnier teilnehmen.

Es gibt eine große Empfangshalle mit Rezeption und zusätzlichem Informationsstand. Alles ist sehr schick eingerichtet, und die Zimmer sind ziemlich groß. Mein Vater und ich bekommen eines im fünften Stock mit einem fantastischen Blick auf den Tafelberg.

So schön das Hotel und unser super Zimmer mit dem fantastischen Ausblick auch sind, kann ich mich nicht nur darüber freuen. Es bringt mich einfach ins Grübeln, wie es sein kann, dass wir hier nun in solch einem Luxus wohnen und wenige Kilometer von uns entfernt die Menschen so armselig hausen müssen.

Nach dem Kofferauspacken erzähle ich meinem Vater, dass ich unten an der Rezeption nachfragen will, ob Lubaya mit ihrem Vater auch hier im Hotel eingecheckt hat. Er hat nichts dagegen, und ich mache mich auf den Weg. Zehn Minuten später stehe ich vor dem Zimmer 287 und klopfe an der Tür. Laut Portier ist das hier das Zimmer von den beiden. Ich klopfe insgesamt drei- oder viermal, aber die Tür bleibt zu. Schon ein bisschen enttäuscht mache ich mich auf den Rückweg.

Blöder Fahrstuhl, musst du dummes Ding jetzt auch noch so lange brauchen, gleich nehme ich die Treppe – bing! Na, das wird aber auch Zeit! Die Fahrstuhltür öffnet sich endlich, und wen sehe ich? Lubaya!

18. VIER MILLIONEN ANALPHABETEN

Da hatte Lubaya sich doch tatsächlich in derselben Zeit im Hotel auf die Suche nach mir gemacht und eben von meinem Vater erfahren, dass ich gerade auf dem Weg zu ihr bin. Darüber mussten wir beide erst einmal herzlich lachen. Doch dann haben Lubaya und ich uns viel zu erzählen, und zwar so viel, dass wir überhaupt nicht merken, wie die Zeit vergeht. Erst als ich nach sage und schreibe eineinhalb Stunden beiläufig auf meine Armbanduhr gucke, registriere ich, wie lange wir hier schon stehen, und sage zu ihr:

„Du, ich glaube, wir müssen für heute Schluss machen."

Wir verabreden uns für morgen und verabschieden uns. Lubaya gibt mir dabei links und rechts ein Küsschen auf die Wange. Ich muss sie dabei so verstört angesehen haben, dass sie mir erklärt: „Das macht man hier so, wenn man sich kennt und sich sympathisch ist – und wir beide kennen uns doch jetzt schon ganz gut, oder?"

Auf dem Weg zu meinem Vater und eigentlich noch den ganzen Abend bis zum Schlafengehen muss ich immer wieder an das Gespräch mit Lubaya denken. Dabei habe ich erfahren, dass sie heute Mittag bei ihrer Tante war, die hier in Kapstadt lebt, und sie deshalb nicht zu der Veranstaltung kommen konnte. Dann erklärte mir Lubaya auch endlich, wie es kam, dass ich dachte, sie in Witbank gesehen zu haben, obwohl sie ja schon längst mit ihrem Vater in Kapstadt war.

Es war nämlich nicht Lubaya, die mir in dem Einkaufszentrum begegnet war, sondern eine Cousine von ihr, die ihr aber wohl zum Verwechseln ähnlich sieht. Die beiden haben damit schon öfter ihren Schabernack getrieben. Was aber erst Lubayas Lachanfall bei unserer letzten Unterhaltung an der Victoria & Alfred Waterfront ausgelöst hatte, war ein Anruf, den sie gerade am Mittag dieses Tages vor unserer Unterhaltung erhalten hatte. Da erzählte ihr nämlich diese Cousine von einem ganz merkwürdigen, komischen, blöden, blassen Jungen mit nasser Hose, der ihr abends begegnet sei und sie schon sehr merkwürdig angeguckt habe. Sie habe in dem Moment gar nicht so recht gewusst, wie sie sich verhalten sollte, und ist dann einfach schnell weiter gegangen.

Bei der Geschichte musste Lubaya wieder anfangen zu lachen. Nur diesmal stimmte ich mit ein, und wir hatten irgendwann sogar Lachtränen in den Augen. Doch wir haben uns auch über ernste Dinge unterhalten. Ich habe ihr von unseren Besuchen in den Townships berichtet und was ich dort gesehen und erlebt habe. Sie war sehr begeistert von dem, was wir dort in den Schulen und anderen Einrichtungen gemacht haben, und meinte, dass das die Kinder sicher ihr Leben lang in Erinnerung behalten würden. Das konnte ich mir gar nicht vorstellen, aber sie war fest davon überzeugt.

Ich erzählte ihr auch von dem Hund heute am Sozialzentrum. Wie der kleine Kerl die Riesenschüssel leergefressen hat. Sie war darüber aber wenig erstaunt, sondern sagte nur: Das machen hier viele Kinder genauso. Diese Kinder haben oft so starken Hunger, dass sie meistens alles auf einmal aufessen, wenn sie etwas zu essen bekommen. Ihnen ist es dann auch egal, wenn sie dadurch Bauchweh bekommen. Der Bauchschmerz vom zu vielen Essen ist nämlich nicht so schlimm wie der, den man vom Hunger bekommt.

Lubaya kennt auch Kinder, die sich niemals Süßigkeiten kaufen würden, wenn sie ein bisschen Geld in die Hände bekommen. Stattdessen kaufen sie sich beispielsweise eine Packung Toastbrot, weil es ihren Magen schön voll macht und sie dadurch das Gefühl haben, endlich mal satt zu werden. Wenn ich jetzt wieder daran denke, macht mich das einfach nur traurig und nachdenklich darüber, wie gut es uns doch geht.

Lubaya hat mich vorhin auch gefragt, was man denn gelernt haben müsse, um bei unserem Projekt mitarbeiten zu können. Ich habe ihr dann erklärt, dass die Leute, die für „Auf Ballhöhe“ hier sind, ganz verschiedene Berufe haben. Sie sind für das Projekt ehrenamtlich tätig und machen einfach das, was sie am besten können. So sind da z. B. drei Lehrer, ein anderer ist Bankkaufmann, und wieder ein anderer ist Elektriker. Darüber war sie sichtlich erstaunt.

Aber noch überraschter sah sie aus, als ich ihr erzählte, dass mein Vater erst als Erwachsener richtig Lesen und Schreiben gelernt hat und heute trotzdem Schriftsteller und Verleger ist. Sie meinte dann, dass sie ja wüsste, dass es in Südafrika viele Analphabeten gibt, aber von deutschen Analphabeten hätte sie nun wirklich noch nie etwas gehört.

Als ich ihr dann noch erzählte, dass sogar geschätzt wird, dass es ungefähr vier Millionen Analphabeten in Deutschland gibt[30], dachte sie erst, ich wolle sie auf den Arm nehmen. Doch das tat ich ja leider nicht. Selbst in einem so reichen Land wie Deutschland, in dem kein Kind 6 km zur Schule laufen muss, gibt es viele Menschen, die nie richtig lesen und schreiben gelernt haben.

19. VIELLEICHT JA SCHON ZUR FUSSBALL-WELTMEISTERSCHAFT

Irgendwann bin ich dann gestern mit meinen vielen Gedanken über das Gespräch mit Lubaya eingeschlafen. Doch laut meinem Vater muss ich mich auch noch schlafend damit befasst haben, denn ich hätte wieder einmal die halbe Nacht im Schlaf gesprochen, und den Namen Lubaya habe er dabei auch hin und wieder gehört. Wie auch immer, ich habe mich für heute mit Lubaya auf dem Turnier verabredet und habe das Gefühl, dass mich nun noch ein paar ganz besonders tolle Tage in Südafrika erwarten.

Das Turniergelände „Erica Park“ in Belhar ist riesig, und trotzdem ist es so voll, dass es teilweise sehr eng zugeht, weil einfach so viele begeisterte Menschen zu den Spielen kommen. Lubaya zeigt mir alles. Sie ist wirklich eine geniale Touristenführerin! Es gibt insgesamt vier Fußballplätze, die alle in einem super Zustand sind und einen tollen Rasen haben. Der Hauptplatz, auf dem die wichtigsten Spiele ausgetragen werden, hat sogar eine große, überdachte Tribüne. Auf diesem Platz gibt es am Abend auch eine richtig pompöse Eröffnungsfeier. Dieses Mal selbstverständlich mit und für die Zuschauer. Es ist eine sehr beeindruckende Parade, die über das Spielfeld marschiert. Dabei sind verschiedenerlei Orchester und Tanzgruppen, die tolle bunte Gewänder und Kostüme tragen. Zu guter Letzt singen alle die südafrikanische Nationalhymne „Nkosi Sikelel' iAfrika", und es gibt ein großes, sehr schönes Feuerwerk.

Die Arminia-Jungs machen ihre Sache bei ihren Spielen so gut, dass sie sich schnell einen Namen auf dem Turnier erspielt haben. Ja, und das, obwohl Onkel Güni gesagt hat, dass das Spielniveau hier erstaunlich hoch wäre. Der muss es ja wissen! Er und die anderen mit uns gereisten Schiedsrichter sind nämlich ständig bei den Spielen im Einsatz und so natürlich auch ganz nah dran. Die Jungs sind bei den jugendlichen Zuschauern sogar richtig beliebt.

Bei den südafrikanischen Mannschaften fällt auf, dass die Spieler zwar hart und ehrgeizig kämpfen, aber überwiegend sehr fair bleiben und ihre Gegenspieler nur wenig foulen. Aber was mir auch total gut gefällt, ist, dass wenn sie einmal gefoult werden, sie nicht viel Aufhebens davon machen und einfach schnellstmöglich wieder weiterspielen.

Darüber hinaus ist mein Eindruck, dass hier in Südafrika das Wort und die Entscheidungen des Schiedsrichters Gesetz sind und die Spieler keine Diskussion beginnen und erst gar nicht reklamieren, so wie ich es häufig in Deutschland sehe. Diese Beobachtung bestätigen mir auch unsere mitgereisten jungen Schiedsrichter Benni, Jonas und Dimi. Vor allem aber der erfahrene Schiedsrichter Michael, der bereits seit sechs Jahren regelmäßig mit „Auf Ballhöhe“ vor Ort ist, kann dies, auch für die vergangenen Jahre, bestätigen.

Lubaya und mein Vater verstehen sich sehr gut, was Lubaya und ich klasse finden. Es bringt auch mit sich, dass wir noch mehr Zeit miteinander verbringen können und sogar Ausflüge gemeinsam unternehmen. Während der spielfreien Vor- oder Nachmittage der Arminia-Jungs sind wir eigentlich ständig auf Achse, und Lubaya ist immer dabei. So sehen und erleben wir einiges gemeinsam: Wir gehen am Kap der Guten Hoffnung an einem traumhaften Strand spazieren, beobachten wieselflinke Paviane aus sicherer Entfernung und sehen außerdem noch süße, kleine Pinguine. Wir genießen die Zeit miteinander sehr. Ich muss aber an dieser Stelle unbedingt mal sagen, dass Lubaya ein wirklich cooles Mädchen ist. Die kann vielleicht mit dem Ball umgehen, sag ich dir! Den einen oder anderen Trick, den sie mir gezeigt hat, habe ich nicht hinbekommen. Dann kann man sich mit ihr auch total gut über Fußball unterhalten. Nach dem, was sie mir alles über den Fußball in Südafrika erzählt hat, begreife ich erst richtig, wie wichtig der Sport für dieses Land ist und wie leidenschaftlich er hierzulande geliebt und gelebt wird.

Aber auch, wenn es nicht um Fußball geht, ist Lubaya irgendwie echt cool und richtig stark. Aber wie sollte es bei ihrem Namen auch anders sein? Sie hat mir nämlich erzählt, dass ihr Name, wie fast alle afrikanischen Namen, eine Bedeutung hat. „Junge Löwin" ist die Übersetzung von Lubaya, und glaube mir, wenn du sie einmal persönlich kennenlernen würdest, würdest du schnell feststellen, dass dieser Name sehr gut zu ihr passt.

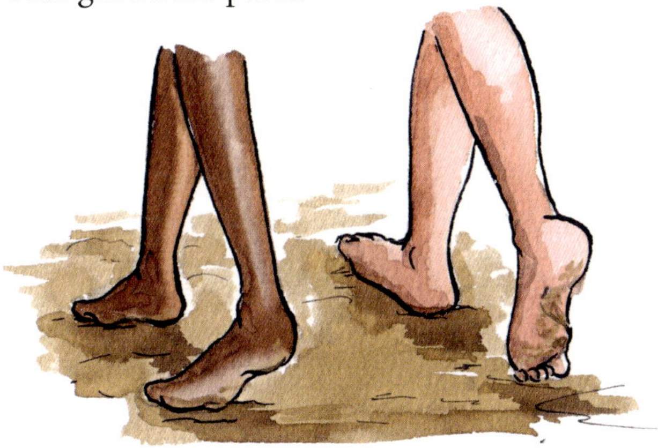

An einem Tag besteigen Lubaya und ich gemeinsam mit einigen erfahrenen Erwachsenen den Tafelberg, was ein richtiges Abenteuer und zugleich ein Kraftakt ist. Zwar führt ein Pfad zum Berg hinauf, aber der hat es in sich. Die großen Steine, die auf dem Pfad als Treppenstufen dienen, wurden laut Robert von italienischen Kriegsgefangenen im Zweiten Weltkrieg mühevoll dort hingeschleppt. Teilweise liegen die Steine so weit auseinander, dass man einen Höhenunterschied von mehr als 50 cm meistern muss. Damit wir nicht bei zu großer Hitze unterwegs sind, sind wir bereits morgens um 6 Uhr aufgestanden. Doch die Anstrengung lohnt sich allemal. Zum einen ist es ein gutes Gefühl, wenn man so einen schweren Weg gemeistert hat, zum anderen erwartet einen oben auf dem Gipfel ein genialer Blick auf das Meer und die gesamte Region um Kapstadt und, wenn man will, sogar ein leckeres Frühstück.

Lubaya und ich fahren auch mit der Gruppe auf einem Schnellboot nach Robben Island und besichtigen das Gefängnis, in dem Nelson Mandela, der ja der erste schwarze Präsident Südafrikas war, 27 Jahre seines Lebens in einer winzigen, nur fünf Quadratmeter kleinen Zelle eingesperrt war. Das Gefängnis ist zwar bereits seit 1996 geschlossen, aber es werden durch die langen Gänge und das restliche alte Mauerwerk interessante Führungen, bei denen man sehr viel über die Geschichte des Landes erfahren kann, angeboten. Der Mann, der unsere Gruppe durch das Gemäuer führt, ist selbst ein ehemaliger politischer Häftling. Er kann uns als Zeitzeuge viel über das Leben dort im Gefängnis berichten. Wir sind alle sehr berührt von dem, was er uns erzählt. Spannend ist auch, wie er uns von einem eigenen Fußballverband auf Robben Island, der Makana

Football Association, berichtet. Diese gab es über 20 Jahre auf der sonst so trostlosen Insel, und 2007 wurde ihr sogar die Ehrenmitgliedschaft der FIFA verliehen.[31]

So erleben wir noch unheimlich interessante, spannende und schöne letzte Tage hier in Südafrika, ja, verbringen sogar noch einen supertollen Strandtag in Camps Bay. Doch der Abschied rückt unausweichlich stündlich näher.

Ja, und dann ist es wirklich so weit. Lubaya, die ich erst so kurz kenne, steht in der Hotelhalle vor mir, und mir geht es hundeelend. Ich kann mir das Ganze selbst nicht erklären, aber obwohl sie in diesem Moment noch vor mir steht, fange ich schon an, sie zu vermissen.

Sie versucht zwar, tapfer zu sein, und lächelt sogar auch mal ein bisschen, aber sie ist ebenfalls sehr traurig. Eine Weile gucken wir uns nur an und sprechen nichts, doch dann, ich muss schon gleich zum Bus, sagt Lubaya: „Felix, ich möchte dich unbedingt wiedersehen. Ich habe schon mit meinem Vater darüber gesprochen: Er hätte nichts dagegen, wenn du mich mal besuchen kommen würdest. Vielleicht ja schon zur Fußball-Weltmeisterschaft?!“

„Ich glaube, wenn das klappen würde, wäre das wie ein kleines Wunder, aber auch die soll es ja bekanntlich immer wieder geben, und ein bisschen träumen darf man ja, oder?“

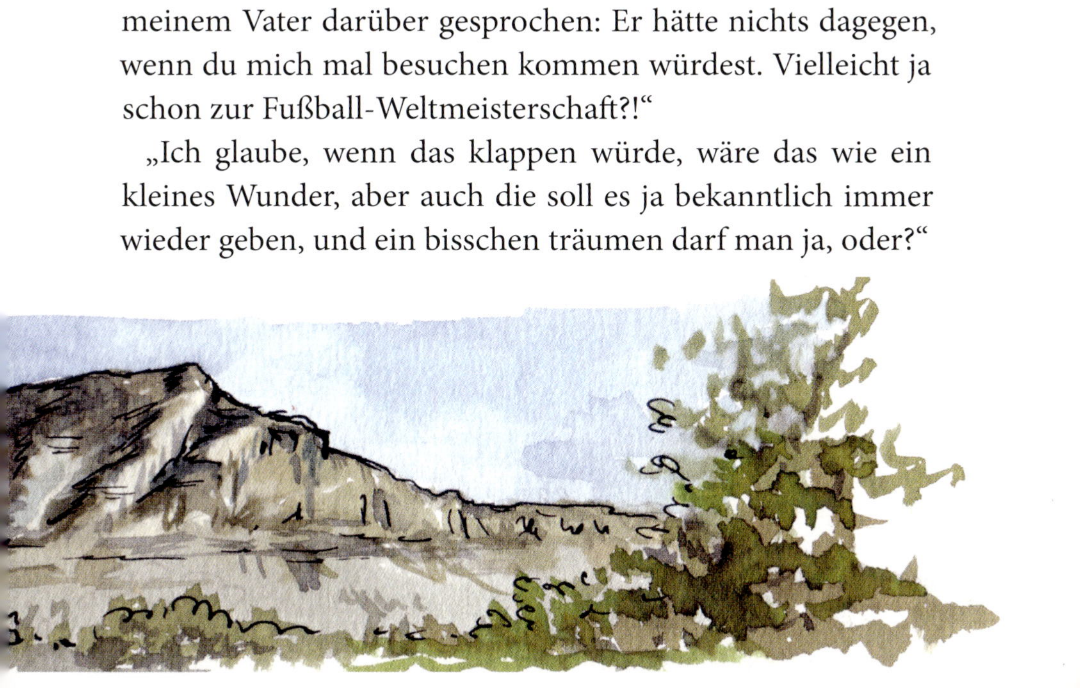

ANMERKUNGEN

1 Luftlinie Frankfurt – Kapstadt.

2 Der Konsul bzw. die Konsulin wird als ständiger Vertreter eines Staates in einen anderen Staat entsandt. Dort ist er dann für die Wahrung von Handels-, Verkehrs- und Wirtschaftsinteressen seines Staates und für die Ausführung von bestimmten Verwaltungsaufgaben zuständig. Der Rangordnung nach werden die Leiter der konsularischen Vertretungen in vier Klassen eingeteilt: General-Konsul, Konsul, Vize-Konsul und Konsularagenten. Siehe auch *Brockhaus-Enzyklopädie in 24 Bänden.*

3 Siehe Seite 137.

Auf *www.suedafrika.org/suedafrika/die-menschen.html* (11.1.2010) ist darüber hinaus zu lesen:

„79 % der Einwohner Südafrikas bezeichnen sich selbst als Afrikaner, 9,6 % als Weiße, 8,9 % als Farbige (Coloureds) und 2,5 % als Inder/Asiaten. Diese Einteilung in Bevölkerungsgruppen wurde also von den Befragten selbst vorgenommen. Sie ist auch im neuen Südafrika nach der Abschaffung der Apartheid immer noch für statistische Zwecke wichtig, erlaubt sie es doch, soziale Fortschritte, beispielsweise bei der Integration bisher benachteiligter Menschen in das Wirtschaftsleben, zu dokumentieren. Die Bevölkerung besteht aus Sotho-Tswana (Süd-, Nord- und West-Sotho-Tswa na), Nguni (Zulu, Xhosa, Ndebele und Swazi), Tsonga, Venda, Afrikaanern, englischsprechenden Menschen britischer Abstammung, Coloureds, Indern und Einwanderern aus anderen Afrikaländern, Europa oder Asien, die sich ihre eigenständige kulturelle Identität noch ausgeprägt bewahrt haben."

4 Eine sog. Fluggastbrücke.

5 Siehe Seite 137 (Landessprachen).

6 *www.premiercup-bayhill.co.za/home.php* (11.1.2010).

7 Die Moroka Swallows sind einer der bekanntesten Fußballvereine des Landes und spielen in der dortigen Premier League, der höchsten Spielklasse des Landes.

8 *www.mpumalanga.co.za* (11.1.2010).

9 Die gibt es in Nord- und Südamerika, siehe *www.das-tierlexikon.de/puma-465-pictures.htm* (12.1.2010).

10 Siehe Karte auf Seite 136.

11 Siehe Anmerkung 3.

12 Mpumalanga und Nordrhein-Westfalen sind seit 1995 Partnerregionen und tauschen sich regelmäßig aus. Schwerpunkte der Zusammenarbeit sind gute Regierungsführung, Jugend und Sport, Bildung, wirtschaftliche Entwicklung, Organisation der FIFA-Fußballweltmeisterschaft 2010 und Gesundheit (z. B. im Bereich HIV / AIDS). Siehe auch *www.mgffi.nrw.de/internationale-zusammenarbeit/Mpumalanga-Suedafrika/index.php* (12.1.2010).

13 Siehe Klimatabellen Seite 138.

14 Siehe Seite 137 (Landessprachen).

15 *www.blackaces.co.za* (12.1.2010).

16 Siehe Anmerkung 12.

17 „KwaNdebele (deutsch: Heimat der Ndebele) ist ein ehemaliges Homeland nordöstlich von Pretoria im Zentrum der ehemaligen Provinz Transvaal, Verwaltungssitz: Siyabusa (KwaMhlanga). KwaNdebele wurde 1977 als Home-

land für die in der Republik Südafrika lebenden Ndebele gebildet, 1981 bekam es formelle Selbstverwaltungsrechte. In einer im August 1986 durchgeführten Parlamentsabstimmung wurde eine Unabhängigkeit abgelehnt. Am 27. April 1994 wurde KwaNdebele zusammen mit den neun anderen Homelands wieder mit Südafrika vereinigt und ist heute Teil der Provinz Mpumalanga." In: *Brockhaus-Enzyklopädie in 24 Bänden.*

18 Siehe Übersicht zur Geschichte von Südafrika auf Seite 139 f.

19 „Bis 1994 war Südafrika bekannt für ‚Apartheid' oder die Herrschaft der weißen Minderheit. Die bemerkenswerte Fähigkeit des Landes, Jahrhunderte des Rassenhasses zu Gunsten einer Aussöhnung hinter sich zu lassen, wurde weit und breit als ein gesellschaftliches Wunder angesehen, das zum Beispiel Nordirland und Ruanda zu ähnlichen Friedensbemühungen inspirierte. Das Südafrika nach der Apartheid hat eine Regierung, die aus allen Rassen besteht; es wird oft als ‚Regenbogennation' bezeichnet, ein Begriff, den der Nobelpreisträger Desmond Tutu prägte." (*www.southafrica.info/overview/deutsch/schnelle-reisefuhrer.htm,* 13.1.2010)

„In einem 1950 verabschiedeten Gesetz zur Registrierung der Bevölkerung (Population Registration Act) wurden die Einwohner der Südafrikanischen Union in drei Gruppen unterteilt: Weiße, Farbige und ‚Eingeborene'. Letztere bezeichnete man später als Bantu (von ba-ntu -> Menschen)." *(www.kapstadt.de/suedafrika/geschichte/vergangenheit-suedafrika/rassentrennung-apartheid/)*

Mit dem „Bantu Homelands Citizenship Act" von 1970 wurden während der Apartheid sogenannte Bantustans (Zwangswohngebiete / Reservate für „Eingeborene") eingerichtet. Diese wurden später auch Homelands genannt. 1994, nach dem Ende der Apartheid, wurden die neun heutigen Provinzen unter Einbeziehung der früheren Bantustans / Homelands geschaffen. Siehe auch *www.britannica.com/EBchecked/topic/68315/Bantustan* (13.1.2010).

20 Siehe Übersicht zur Geschichte von Südafrika auf Seite 139 f.

21 Siehe Klimatabellen Seite 138.

22 Wenn in Deutschland Winterzeit ist, ist Südafrika eine Stunde voraus.

23 Hörbeispiele von Teamgesängen:
www.aufballhoehe.de/index.php?id=64&tx_bddbflvvideogallery_pi1[video]=0 (13.1.2010).
www.aufballhoehe.de/index.php?id=64&tx_bddbflvvideogallery_pi1[video]=3 (13.1.2010).
www.aufballhoehe.de/index.php?id=64&tx_bddbflvvideogallery_pi1[video]=5 (13.1.2010).

24 Bartholomäus Grill bezeichnet sie in seinem faszinierenden Buch *Laduuuuuma!* (Hamburg 2009) auch als Posaune oder Engelstrompete. Thomas Hummel schreibt in seinem lesenswerten Artikel „Der Flügelflitzer: Vuvuzela" (*Süddeutsche Zeitung* vom 16.6.2009): „Schließlich sollen schon vor langer Zeit die Stämme auf den Hörnern erlegter Kudu-Antilopen geblasen haben, um ihre Angehörigen für die Jagd zu versammeln. Der Vuvuzela-Ton soll nach einhelliger Expertenmeinung wie angriffs-

lustige Elefanten dröhnen, in den Wohnzimmern der Welt hört es sich eher wie ein Schwarm wild gewordener Wespen an."

25 „Der weltbekannte Krüger Nationalpark bietet dem Besucher eine Wildpopulation, welche als eine der vielfältigsten und interessantesten in Afrika gilt. Gegründet wurde der Park im Jahre 1898 und ist heute mit fast 2 Millionen Hektar weltweit einmalig in seiner Vielfalt von Lebensformen. Der größte Nationalpark Südafrikas ist die Heimat für eine imposante Vielfalt von Arten: 336 Bäume, 49 Fisch-, 34 Amphibien-, 114 Reptilien-, 507 Vogel- und 147 Säugetierarten kann man hier antreffen." (*www.kruger-nationalpark.de/deutsch.htm*, 13.1.2010)

26 Deutscher Entwicklungsdienst.

27 Deutsche Gesellschaft für technische Zusammenarbeit.

28 „Die ‚Cape Flats' nennt man die große, flache Ebene südöstlich Kapstadts, die sich bis an die False Bay hinzieht. Sie besteht aus einer beträchtlichen Anzahl von Townships, in denen die Majorität der Farbigen und Schwarzen lebt. So wie die Bevölkerung sich dort zusammensetzt, sind auch die Townships zusammengesetzt. In den meisten Townships wohnen Farbige und in vier davon leben fast nur Schwarze." (*www.kapstadt.de/reisefuehrer/stadtgebiet/townships/*, 13.1.2010)
Zur Geschichte von Kapstadts Townships liest man auf *www.kapstadt.de/reisefuehrer/stadtgebiet/townships/geschichte/* (13.1.2010): „Man kann die Gegenwart nur verstehen, wenn man die Vergangenheit kennt. Derjenige, der sich die Mühe macht, sich etwas mit der Geschichte zu befassen, wird bei einem Besuch der Townships vie-

les besser verstehen, vieles mit anderen Augen sehen. In historischen Zeiträumen gemessen ist die Geschichte der Townships recht jung. Das älteste Township Kapstadts, Langa, wurde im April 1927 gegründet, Khayelitsha, eines der jüngsten, 1983. Die Entstehung und Entwicklung der Townships ist auf das Engste mit der Apartheid verbunden, sie sind ein Produkt der Apartheid."

29 Wie auf *www.kapstadt.de/reisefuehrer/stadtgebiet/townships/* (14.1.2010) nachzulesen, klingen die Namen der Townships recht exotisch, wie z. B. Bishop Lavis, Steenberg, Hanoverpark, Bonteheuwel, Manenberg, Elsies River, Langa (übersetzt: Sonne), Nyanga (übersetzt: Mond), Gugulethu (übersetzt: unser Stolz) und Khayelitsha (übersetzt: unser neues Haus).

30 Bundesverband Alphabetisierung und Grundbildung e.V.

31 Siehe hierzu auch *http://de.fifa.com/worldcup/news/newsid=554670.html* (14.1.2010) und Bartholomäus Grill in seinem Buch *Laduuuuuma*! (Hamburg 2009) in dem Kapitel „Fußball heißt Freiheit".

ANHANG

DIE REPUBLIK SÜDAFRIKA

Klima: subtropisch bis mediterran

Lage: 22 bis 35 Grad südliche Breite, 17 bis 33 Grad östliche Länge

Fläche des Landes: 1.219.912 Quadratkilometer (= 3,4 mal Deutschland)

Provinzen: Eastern Cape, Free State, Gauteng, KwaZulu-Natal, Mpumalanga, Northern Cape, Limpopo, North-West-Province, Western Cape

Hauptstadt: Pretoria

Bevölkerung: 48,78 Mio. (November 2008)

Bevölkerungsdichte: 40 Einwohner pro Quadratkilometer

Städte: Über die Hälfte der Südafrikaner lebt in Städten mit mehr als 50.000 Einwohnern. Die größten Städte sind

Johannesburg (2 Mio. Einw.) sowie das sich südwestlich anschließende Soweto (geschätzt bis zu 4 Mio. Einw.), Kapstadt (3 Mio. Einw.), Pretoria (1 Mio. Einw.), Port Elizabeth (850.000 Einw.), Durban (800.000 Einw.) und Bloemfontein (235.000 Einw.).

Landessprachen: Alle elf Landessprachen sind offizielle Sprachen: isi Zulu (23,8 %), isi Xhosa (17,6 %), Afrikaans (13,3 %), sePedi (9,4 %), Englisch (8,2 %), seTswana (8,2 %), seSotho (7,9 %), xiTsonga (4,4 %), siSwati (2,7 %), tshiVenda (2,3 %), isiNdebele (1,6 %), andere Sprachen (0,6 %). Deutsch gehört zu den von der Verfassung geförderten 14 anderen Sprachen.

Religionen / Kirchen: Christen: 75,5 %, davon u.a. Independent African Churches wie z.B. Zion Christian Church (25,74 %), Nederduitse Gereformeerde Kerk (8,9 %), Römisch-katholisch (8,6 %), Methodisten (7,1 %), Anglikaner (4 %), Lutheraner (2,6 %); sonstige Religionen: mind. 17,5 %, davon u.a. Hindus (1,4 %), Moslems (1,4 %), Juden (0,2 %), Konfessionslose (7 %)

Nationaltag: 27. April („Freedom Day", Tag der ersten freien Wahlen 1994)

Regierungsform: Parlamentarische Demokratie mit einem starken Exekutivpräsidenten und föderativen Elementen. Regierung seit 2004: ANC.

Staatsoberhaupt und Regierungschef: Präsident Jacob Zuma (ANC)

Währung: Südafrikanische Rand (ZAR)

Wirtschaft: Südafrika ist sehr reich an Bodenschätzen. In mehr als 900 Bergwerken fördern und produzieren ca. 500.000 Menschen Gold (über 50 % der weltweiten Reserven), Platin (über 80 % der weltweiten Reserven), Chrom, Vanadium, Diamanten, Steinkohle, Eisenerz, Mangan, Nickel, Uran und Phosphat. Bergbau und Industrie erwirtschaften zusammen fast 40 % des Bruttoinlandsprodukts. Immer wichtiger wird der Tourismus, da er viele neue Arbeitsplätze, im Besonderen auch für Frauen, schafft.

(Stand: Mai 2009, Auswärtiges Amt vom 27.9.2009: http://www.auswaertiges-amt.de/diplo/de/Laenderinformationen/01-Laender/Suedafrika.html)

KLIMA IN JOHANNESBURG

	J	F	M	A	M	J	J	A	S	O	N	D
Sonnenstd.	8	8	7	8	9	9	9	10	9	9	9	9
Tagestemp.	26°	25°	24°	22°	19°	17°	17°	20°	23°	25°	25°	26°
Nachttemp.	15°	14°	13°	10°	6°	4°	4°	5°	9°	12°	13°	14°
Regentage	13	9	8	7	3	1	0	1	2	8	11	12
Beste Reisezeit	März bis Mai sowie August bis Oktober: recht ausgeglichenes und angenehmes Klima, meist trockene Luft mit erfrischender nächtlicher Abkühlung. Ganzjährig hohe UV-Strahlung.											

KLIMA IN KAPSTADT

	J	F	M	A	M	J	J	A	S	O	N	D
Sonnenstd.	12	10	9	8	6	6	6	7	8	9	10	11
Tagestemp.	26°	26°	25°	22°	20°	18°	17°	18°	19°	21°	23°	25°
Nachttemp.	16°	16°	14°	12°	10°	8°	7°	8°	9°	11°	13°	14°
Regentage	4	3	4	8	9	10	11	11	7	7	3	4
Beste Reisezeit	Dezember bis April: recht ausgeglichenes Klima, selten schwül, im Sommer (November bis März) manchmal Küstennebel oder tiefhängende Wolken über dem Meer.											

(Quelle: South African Tourism, Mythos Südafrika, Literarische Route 2009)

ZUR GESCHICHTE SÜDAFRIKAS

vor 3,5 bis 2,5 Mio. Jahren: Älteste Funde von Menschen in den Sterkfontein Caves.

vor 100.000 Jahren: Älteste Funde des modernen Menschen.

ca. 25.000 Jahre v. Chr.: Geschätztes Alter der ältesten Felsmalerei Südafrikas.

ca. 300 Jahre v. Chr.: Die ersten Bantu sprechenden Stämme besiedeln den Norden Südafrikas.

ca. 950 bis 1300: Königreich von Mapungubwe.

1488: Der Portugiese Bartholomeu Diaz erreicht als erster Europäer die Mossel Bay.

1652: Erste Besiedlung der Tafelbucht durch Europäer.

1835: Erster Burentreck nach Nordosten als Folge holländischen Widerstands gegen die englische Kapregierung.

1838: Schlacht am Blood River endet mit einem Sieg der Buren über die Zulu.

1852: Gründung der ersten Burenrepublik Transvaal im nordöstlichen Teil Südafrikas.

1866: Erste Diamantenfunde im Norden der Kapprovinz.

1880 – 1881: Erster Burenkrieg, endet mit dem Sieg der Buren über die Briten.

1886: Entdeckung der ersten Goldvorkommen am Witwatersrand bei Johannesburg.

1899 – 1902: Zweiter Burenkrieg. Endet mit dem Sieg der Briten über die Buren – alle Burenrepubliken werden britische Kolonie.

1910: Gründung der Südafrikanischen Union durch Briten und Buren.

1912: Gründung des ANC (African National Congress).

1948: Apartheid wird offizielle Regierungspolitik.

1960: Verbot des ANC nach Massenunruhen.

1964: Nelson Mandela wird zu lebenslanger Haft verurteilt.

1990: Aufhebung des ANC-Verbotes und Freilassung Nelson Mandelas.

1994: Erste demokratische Wahlen, Nelson Mandela wird Präsident.

1999: Thabo Mbeki wird Präsident.

2009: Jacob Zuma wird Präsident.

2010: Fußball-WM 2010 in Südafrika.

(Quellen: South African Tourism, Mythos Südafrika, Literarische Route 2009 und http://www.auswaertiges-amt.de/diplo/de/Laenderinformationen/01-Laender/Suedafrika.html)

INTERNETSEITEN ZUM THEMA (STAND 15.1.2010)

www.alphabetisierung.de: Seite vom Bundesverband für Alphabetisierung und Grundbildung e.V.

www.arminia-bielefeld.de

www.aufballhoehe.de: Seite des Projektes „Auf Ballhöhe"

www.blackaces.co.za: Seite des Fußballvereins Mpumalanga Black Aces

www.das-tierlexikon.de

www.ded.de: Seite des Deutschen Entwicklungsdienstes

www.dein-suedafrika.de: Seite von South African Tourism

www.fifa.com/worldcup/finaldraw/news/newsid=1143327.html: FIFA-Seite zu Makana FA

www.flysaa.com: Seite der South African Airways

www.gtz.de: Seite der Deutschen Gesellschaft für Technische Zusammenarbeit (GTZ) GmbH

www.ingwenyama.co.za: website der Ingwenyama Lodge in White River

www.inwent.org: Seite von Inwent – Internationale Weiterbildung und Entwicklung gGmbH

www.kapstadt.de/reiseführer/stadtgebiet/townships/

www.kfw-entwicklungsbank.de: Seite der Kreditanstalt für Wiederaufbau (KfW)

www.kruger-nationalpark.de/deutsch.htm: Seite des Krüger Nationalparks

www.litcam.org: Seite von Litcam, der internationalen Kampagne zur Alphabetisierung, Grund- und Medienbildung der Frankfurter Buchmesse

www.mgffi.nrw.de: Seite des nordrhein-westfälischen Ministeriums für Generationen, Familie, Frauen und Integration

www.morokaswallows.co.za: Seite des Fußballvereins Moroka Swallows

www.mpumalanga.co.za: Seite der südafrikanischen Provinz Mpumalanga

www.peacenetworkwc.org: Seite des Western Cape Network for Community Peace Development

www.premiercup-bayhill.co.za/home.php: Seite des Turniers

www.pretoria.diplo.de: deutschsprachige Seite der deutschen Botschaft in Pretoria

www.robben-island.org.za: Seite von Robben Island

www.sos-kinderdorf.de/suedafrika.html

www.suedafrika.org/de: deutschsprachige Seite der südafrikanischen Botschaft in Berlin

www.vickysbedandbreakfast.com: Seite zum einzigen Hotel in Khayelitsha

www.vpuu.org: Seite des von der Kreditanstalt für Wiederaufbau geförderten Programms „Violence Prevention through Urban Upgrading“ (Projekt städtische Gewaltprävention in Südafrika)

www.yess.co.za: Seite des Gemeinschaftsprojekts der Sportjugend Nordrhein-Westfalen, der Deutschen Sportjugend, des Ministeriums für Generationen, Familie, Frauen und Integration des Landes Nordrhein-Westfalen, des Department of Culture, Sport and Recreation und des Department of Education der Provinz Mpumalanga

DANK

Die Autoren bedanken sich bei Christina Bubenicek, Dr. Vincent Docherty, Beatrix Konnen und Bärbel Winkler für das Gegenlesen, bei Michael Eiles für seine Unterstützung im Layout. Weiterhin danken wir Horst Trimhold, Elfriede Haller und Karin Plötz sowie Olliver Tietz (DFB-Kulturstiftung).

An dieser Stelle danken wir für die Unterstützung des Projektes „Auf Ballhöhe" all denen, ohne deren Hilfe es weniger aufzuschreiben gäbe: Generalkonsulat der Republik Südafrika in München, DFB-Stiftung Sepp Herberger, Winfried Mengelkamp, Tselane Mokuena, Günther Pfau (adidas), Willy Robert Pitzer Stiftung und Gerhard Potuschek, Horst R. Schmidt (DFB), South African Airways und der Fritz-Walter-Stiftung.

AUTOREN

Tim-Thilo Fellmer ist ein bekannter Kinderbuchautor (u.a. *Fuffi der Wusel*) und wurde 2009 vom Bundesverband Alphabetisierung und Grundbildung e.V. zum Botschafter für Alphabetisierung ernannt.

Matthias Eiles, hauptamtlicher Mitarbeiter des DFB, engagiert sich ehrenamtlich für den Fußball im südlichen Afrika und ist der Initiator des interkulturellen Fußballbildungsprojektes für Jugendliche „Auf Ballhöhe".

ILLUSTRATORIN

Uschi Heusel ist seit vielen Jahren als freie Illustratorin, Cartoonistin und Kinderbuchautorin für verschiedene Verlage tätig und wurde unter anderem durch ihre Cartoon-Figur „Ratte Ludwig" bekannt.